Kinder & Märchen

Was Erwachsene wissen sollten

Klett | Kallmeyer

Eva Maria Kohl

ist seit 1998 als Professorin für Grundschuldidaktik/Deutsch an der Martin-Luther-Universität in Halle tätig und baut dort ein „Archiv für Kindertexte“ auf. Sie schrieb Kinderbücher, Hörspiele, Erzählungen und Bilderbücher und veröffentlichte zahlreiche, pädagogische Schriften zum freien und kreativen Schreiben mit Kindern, u. a. die Schreibspielhefte „Zauberstift“ oder „Schreibspielräume. Freies und kreatives Schreiben mit Kindern“, „Spielzeug Sprache“ und „Schreibszenarien. Wege zum freien und kreativen Schreiben in der Grundschule“. Kindern Geschichten zu erzählen und vorzulesen, auch um kreative Prozesse anzuregen, ist ihr ein besonderes Anliegen.

Bibliografische Information der Deutschen Nationalbibliothek
Die Deutsche Nationalbibliothek verzeichnet diese Publikation in der Deutschen Nationalbibliografie; detaillierte bibliografische Daten sind im Internet über http://dnb.d-nb.de abrufbar.

Impressum

Eva Maria Kohl
Kinder & Märchen
Was Erwachsene wissen sollten

2. Auflage 2018

Druck: GCC Grafisches Centrum Cuno GmbH & Co. KG, Calbe
Printed in Germany

ISBN: 978-3-7800-4959-9

Kinder & Märchen

Was Erwachsene wissen sollten

Eva Maria Kohl

Klett | Kallmeyer

Kinder & Märchen

Was Erwachsene wissen sollten

Vorwort

Als Kind besaß ich ein großformatiges Album mit den Märchen der Brüder Grimm, herausgegeben von der Firma Reemtsma. Darin eingeklebt waren farbige Märchenillustrationen, sogenannte „Zigarettenbilder", die wir Kinder eifrig sammelten. Einige Bilder in meinem Märchenalbum fehlten. Die im Text ausgesparten weißen Flächen markierten den Platz, wo ich sie hätte einkleben sollen. In der Rückschau erkenne ich, dass sich an diesen mit einer schwarzen Linie umrahmten Rechtecken, die vergeblich auf die zugehörigen Bilder warteten, meine Phantasie heftiger entzündete als an den vorhandenen, naturalistischen Illustrationen von Paul Hey.

Dieses Märchenbuch war mein größter Schatz und wurde mir richtiggehend zur Lebenshilfe.

Durch den frühen Tod meiner Mutter, die Abwesenheit meines Vaters (er war als Soldat in einen mörderischen Krieg geschickt worden), durch Krankheiten, Bombennächte, Kriegs- und Nachkriegszeit, durch Schul- und Ortswechsel hatte sich bei mir ein dunkles Grundgefühl herausgebildet, dass man vage als „Ungeborgenheit" umschreiben könnte.

Die Märchen spendeten mir Trost. Ihr gutes Ende gab mir den Glauben, geradezu die Gewissheit, dass auch in meinem Leben einmal eine Wendung zum Besseren eintreten werde. Ich musste nur stark bleiben und durchhalten, wie alle die unglücklichen Prinzen, Hänsel, Dummlinge und Däumlinge.

Als mein Vater aus der Kriegsgefangenschaft zurückkam, waren wir uns fremd geworden. Er zog mit mir in die Stadt. In der neuen Klasse fühlte ich mich nicht wohl, und wurde wegen meines dörflichen Dialekts verspottet. Ich hasste die Schule, versank in Passivität, und musste eine Klasse wiederholen. Das veranlasste meinen Vater zu der Prophezeiung, aus mir würde „nie etwas werden".

Damals wurde mir das Märchen „Der Eisenhans" zum stillen Begleiter. Ich las es jeden Abend vor dem Einschlafen, bis weit über das sogenannte „Märchenalter" hinaus. In meinem vierzehnten oder fünfzehnten Lebensjahr beendete ich von einem Tag auf den anderen dieses Ritual, und im Lauf der nächsten 40 Jahre las ich das Märchen nicht mehr.

In einem Antiquariat entdeckte ich dann ein Exemplar des Märchenalbums aus meiner Kindheit. Ich kaufte es, war erstaunt, wie gegenwärtig mir noch die Erinnerung an die Märchenbilder war, und las zuerst die Geschichte vom Eisenhans. Ich wollte herausfinden, was mich damals an diesem Märchen so fasziniert hatte. Zu meiner Überraschung löste das Wiederlesen eine starke, emotionale Erschütterung aus, mit der ich nicht gerechnet hatte. Das ganze Elend meiner Kindheit wurde mir gegenwärtig.

Und danach wusste ich, welche Botschaft mir das Märchen verkündet hatte: Irgendwann würde ich wie der gedemütigte, entwurzelte Königssohn mein Hütchen vom Kopf nehmen, dann würden alle erkennen, was bis jetzt außer mir niemand wusste, und alle, die über mich gespottet hatten, würden staunend ausrufen: „Der hat ja goldene Haare!"

Insofern freue ich mich, diesem Buch, das sich so fachkundig und warmherzig dem Märchen widmet, ein Vorwort voranstellen zu dürfen.

Paul Maar

Einleitung

In einer Buchhandlung wird eine Frau beraten, die ihrer achtjährigen Enkeltochter ein Buch zum Geburtstag schenken möchte. Am liebsten würde sie ihr ein schönes, dickes Märchenbuch schenken. Aber ist ihre Enkelin dafür nicht schon zu alt? Und sind Märchen heute überhaupt noch bei den Kindern gefragt? Vielleicht sollte sie ihr lieber eine DVD mit einem Film schenken?

Es gäbe auch noch einen kleinen Bruder. Dem würde sie auch gern etwas schenken, sehr gern ein Märchenbilderbuch. Der Kleine ist aber sehr ängstlich. In letzter Zeit fürchtet er sich abends vor der Dunkelheit und dem Einschlafen. Da sind ja wohl Märchen mit ihren Grausamkeiten nicht das Richtige.

Die Buchhändlerin holt mehrere Bücher zur Auswahl. Für die Große eine richtige Geschenkausgabe – das von Werner Klemke illustrierte Grimm-Märchenbuch, den Klassiker unter den Märchenbänden. Daneben legt sie die von Nikolaus Heidelbach illustrierten Bände mit Märchen der Brüder Grimm und H. C. Andersen und sagt, beides könne sie empfehlen.

Die Enkeltochter habe sehr viel Phantasie, sagt die Oma. Daraufhin holt die Buchhändlerin noch das Buch „In einem tiefen, dunklen Wald" von Paul Maar mit der Bemerkung, das würde dem Mädchen bestimmt Spaß machen.

Für den Kleinen holt sie ein Bilderbuch mit Geschichten von Elisabeth Shaw, da würde die Geschichte „Der kleine Angsthase" drinstehen, das sei auch ein Märchen, aber nur mit Tieren, ohne Hexen, da mache sie bestimmt nichts falsch.

Diese kleine Szene, die so oder ähnlich in einer Buchhandlung mit Kinderbüchern zu beobachten sein dürfte, bildet in ihren Fragestellungen geradezu klassisch ab, welche Fragen über das Verhältnis von Kindern und Märchen auftauchen, wenn man sich ernsthaft damit beschäftigt.

Für viele Menschen ist das Märchen mit Erinnerungen an ihre frühe Kindheit verbunden. Da taucht die Stunde vor dem Zubettgehen auf, der Einband eines Märchenbuches, wie es war, mit der Hand darüber zu streichen oder ein bestimmtes Bild immer und immer wieder anzusehen. Eine Stimme taucht auf, die die Märchen vorgelesen oder erzählt hat, sehr oft sind es die Großeltern, Mutter oder Vater, seltener ein Geschwisterkind. Vielleicht wird ein Wort auftauchen, eine bestimmte Redewendung, die man noch immer wörtlich weiß: „Wo ist mein Kind, wo ist mein Reh, jetzt komm ich noch einmal, dann nimmermehr ..."

Die Zeit der Märchen scheint die Zeit der Kindheit zu sein und mit ihrem Ende werden sie im Erinnerungsschrank abgelegt und erst wieder hervorgeholt, wenn die eigenen Kinder oder Enkelkinder etwas erzählt bekommen wollen.

Es gibt viele Aspekte, die für Kinder relevant sein können, wenn sie Märchen begegnen. Sie in einem einzigen Buch thematisieren zu wollen, ist fast unmöglich. In diesem Band sollen deshalb exemplarisch sieben Zugänge geöffnet werden. Dieses Grundbild strukturiert die einzelnen Kapitel des Buches. In der – fiktiven – Ortschaft der schriftlich fixierten Märchen kann man sich diese sieben Zugänge, wie sieben Haustüren von sieben nebeneinander stehenden Häusern vorstellen. Die Häuser können beliebig betreten werden. Man kann selbst auswählen, wo man verweilen will. In den sieben Häusern findet man jeweils etwas über Märchen und ihre Geschichte, ihre Merkmale, ihre Vermittler, ihre besondere Gestalt in Wort und Bild, ihre medialen Formen und ihre Leser und Nutzer, die Kinder. Zum Schluss finden sich im Downloadbereich (gekennzeichnet durch) Anregungen, sich des eben Gelesenen zu vergewissern und es auf kreative Weise selbst zu erproben – mit den Kindern zusammen oder auch allein. Aufmerksam und geduldig begleitete Sandy Fricke-Cassuhn redaktionell das Buch.

Märchen sind Weltenbummler und Wanderer. Seit tausenden von Jahren sind sie unterwegs. Von Mund zu Mund weitergegeben, haben sie sich immer wieder verändert. Aber vor 200 Jahren geschah es, dass ein Teil von ihnen sesshaft wurde und sich häuslich niederließ. Die „Kinder und Hausmärchen" der Brüder Grimm erschienen in schriftlicher Form als Buchmärchen. Sie sind heute das am meisten aufgelegte Kinderbuch, und das sogar weltweit.

Im ersten Haus (im ersten Kapitel) der **Volksmärchen** wohnen deshalb Jacob und Wilhelm Grimm, die Schöpfer der berühmten „Kinder- und Hausmärchen". Man betritt ihr Arbeitszimmer, erfährt etwas über ihr Leben, ihre Pläne und Absichten. Man trifft Märchenforscher, die die Märchen untersucht und etwas über sie herausgefunden haben, erhält Einblicke in die Grundmerkmale der Märchen, ihre Baupläne, Funktionen und Kategorisierungen. Am Ende des Kapitels wird noch etwas über die Mythen, die Sagen und Legenden, also die älteren Verwandten der Märchen, gesagt.

Die nächsten Nachbarn der Volksmärchen sind die **Kunstmärchen**. In diesem Kapitel begegnet man Dichtern der Kunstmärchen aus Vergangenheit und Gegenwart: Andersen, Hauff, Storm. Fühmann, Maar u. a.

Der Märchenstreit, dem das folgende Kapitel gewidmet ist, scheint immer wieder neu geführt zu werden. Man diskutiert die Rolle von Gut und Böse, die Märchenmoral und begegnet neuen Märchenbilderbüchern, die mit den alten Rollenbildern spielen.

Im Haus **Märchen erzählen**, in Kapitel 4, treffen sich die Vermittler der Märchen. Hier wird beschrieben, was Erzählen bedeutet, wie man es lernen kann, wie Erzählprojekte funktionieren und wo man sie derzeit findet.

Die Märchenwerkstatt ist allen geöffnet. Hier sind die Schreibspielräume, um selbst Märchen zu schreiben, in eigenen Büchern zu gestalten und zu illustrieren.

Wie Märchen in die Schule gehen und Thema des Unterrichts sein können, erfährt man in Haus 6. Drei komplette Unterrichtsbeispiele warten darauf, noch einmal ausprobiert zu werden.

In **Märchen spielen**, in Kapitel 7, kann man sich Rat holen, wie man mit Märchen in Film und Fernsehen und auf der Bühne umgeht, und was man benötigt, um selbst Märchen zu spielen.

Der Besuch der sieben Häuser hilft, auf die Fragen, wie sie die Oma im Eingangsbeispiel stellt, zu reagieren und angemessene Antworten zu finden. Es sind wichtige Fragen, die spätestens zu Weihnachten, wenn die große Geschenkezeit kommt, auftauchen. In der Schule, im Hort und in Kindertageeinrichtungen sollten die Fragen nach Kriterien für den Umgang mit Märchen das ganze Jahr über relevant sein und bleiben. Denn das Märchen ist nicht nur etwas für besondere Stunden und ein schönes Geschenk, sondern kann zum Wegweiser durchs ganze Leben werden. Wie kann man lernen, die wundersamen Wegweiser zu lesen?

KAPITEL 1

Die Volksmärchen

Es war einmal ...

Kinder fragen nicht danach, wer eine Geschichte oder ein Märchen geschrieben hat, sie hören ihnen zu oder lesen sie, betrachten die Bilder (je jünger sie sind, umso länger) und sind daran interessiert, zu erfahren, wie die Sache ausgeht und was aus den Helden wird, die sie kennengelernt haben. Fragt man Erwachsene nach der Lektüre ihrer Kindheit, so können die meisten den Inhalt erzählen und erinnern sich vielleicht auch an die Titelillustration, die sich ihnen eingeprägt hat, aber an den Namen eines Autors oder eine Autorin erinnern wir uns eher selten. Das Interesse daran, etwas über den Schöpfer einer Geschichte und die Art und Weise der Entstehung zu erfahren, setzt in der Regel erst ein, wenn die Kinder selbst Erfahrungen mit dem Schreiben und Illustrieren von Geschichten machen können und wissen wollen, wie etwas gemacht wird, um es dann selbst ausprobieren zu können (s. Kapitel 5 ab S. 78).

„Das Märchen ist dem Kindesalter der Menschheit vergleichbar, in ihm sind alle Wunder möglich, es zieht Mond und Stern vom Himmel und versetzt Berge. Für das Märchen gibt es keine Nähe und keine Ferne, keine Jahreszahl und kein Datum, nur allenfalls Namen, und dann entweder sehr gewöhnliche, oder sehr sonderbare, wie sie Kinder erfinden."

(Bechstein 1997, S. 10)

Die Erwartung an die Lektüre eines Märchens bedeutet also zunächst, einer guten, spannenden Geschichte zu lauschen, von der man wissen will, wie sie endet. Im gängigen Verständnis des Märchens kommt hinzu, dass es ohnehin als namenlos erscheint und man nicht danach fragt, wer sich das wohl zuerst ausgedacht und erzählt hat. Tatsächlich haben die Volksmärchen – aber nur diese – keinen bestimmten Autor. Bis heute ist der Ursprung der meisten Volksmärchen ungeklärt.

Irgendwann und irgendwo, vor tausenden von Jahren, hat jemand zu erzählen begonnen und ein anderer hat die Erzählung wiederholt, fortgesetzt, etwas hinzugefügt oder weggelassen. Es sind Erzählungen von wunderlichen, phantastischen Ereignissen, die sich so oder ähnlich ereignet haben könnten: „Es war einmal ..." beginnen sie oder „In alten Zeiten, als das Wünschen noch geholfen hat ..." und mehr verraten sie nicht über den Ort und die Zeit, in der alles anfing.

Die Volksmärchen, die zwischen Mund und Ohr auf der ganzen Erde in allen Sprachfamilien weitergereicht wurden, haben im Jahr 1812 eine entscheidende Veränderung erfahren. Die in einer bestimmten Region, nämlich hauptsächlich in Hessen, bis dahin nur mündlich weitergegebenen Märchen wurden „sesshaft". Mit der ersten Auflage der „Kinder- und Hausmärchen", die Jacob und Wilhelm Grimm herausgaben, wechselten diese Erzählungen ihre Form, sie wurden Buchmärchen. Von nun an waren sie zwischen

Wilhelm (links) und Jacob Grimm

zwei Buchdeckeln aufgehoben, man konnte sie in die Hand nehmen und ins Bücherregal stellen.

Das Wort „Märchen" kommt von dem vermutlich althochdeutschen Wort maere und bedeutet soviel wie Nachricht oder Botschaft von einer Sache, die geschehen ist und eine gewisse Berühmtheit erlangt hat (Rölleke 2004, S. 10). Bevor die Romantiker an der Wende des 18. zum 19. Jahrhundert das Märchen als besondere Gattung entdeckten und feierten, wurden Märchen zumeist als „Ammenmärchen" der Unterhaltung von Kleinkindern zugerechnet. Für die Erwachsenen galt das Märchen als Medium geselligen Vergnügens. Als erster Märchensammler im europäischen Raum gilt der Italiener G. F. Straparola. Seine 74 Erzählungen erschienen 1550–1553 unter dem Titel „Le piacevoli notti" (ebd. S. 13).

1634/36 erschien ebenfalls in Italien eines der bedeutendsten Märchenbücher der Weltliteratur, herausgegeben von Giambattista Basile und seit 1674 bekannt unter dem Titel „Pentamerone". Etwas jünger, aber ebenfalls von großem Einfluss auf das deutsche Märchenschaffen, sind die Märchen des französischen Sammlers Charles Perrault. Ein bezeichnendes Beispiel, wie stark die bekannten Grimmschen Volksmärchen ihre Verwandtschaft aus anderen europäischen Märchensammlungen bezogen, ist das Märchen von Rapunzel. Es heißt im neapolitanischer Urtext von G. Basile (1634) Petrosinella, im französischer Urtext bei C. Rise de La Force (1698) Persinette (Lauer 1993). Märchensammler im deutschsprachigen Raum waren z. B. Johann Karl Georg August Musäus (1735–1785) und Ludwig Bechstein (1801–1860). Die berühmtesten Märchensammler aber waren zweifellos Jacob und Wilhelm Grimm.

Die Kinder- und Hausmärchen der Brüder Grimm

Jacob (1785–1863) und Wilhelm Grimm (1786–1859) waren Gelehrte und haben auf dem Gebiet des Rechts, der Literatur und Sprache und der Mythologie geforscht, gelehrt und publiziert. Jahrelang haben sie als Bibliothekare in kurfürstlichen Bibliotheken in Hessen gewirkt, in Göttingen und später in Berlin als Professoren gelehrt. Ihr Leben lang haben die beiden Brüder zusammen gelebt und gearbeitet. Auch als Wilhelm Grimm geheiratet hat (übrigens eine der Frauen, die den beiden Märchen erzählt haben), haben die Grimms eine gemeinsame Wohnung geteilt. Ihre Verdienste als Sprachforscher und Begründer der Germanistik sind unübersehbar. So wichtige Werke wie die „Deutsche Grammatik" (1819 1. Band / 1822 2. Band / 1831 3. Band), das „Deutsche Wörterbuch" (1854 1. Band) oder die „Deutschen Heldensagen" (1816) sind von ihnen publiziert worden. Zugleich waren sie wohl geduldige, hartnäckige und fleißige Sammler. Diese sich früh ausprägenden Neigung, man kann fast sagen Leidenschaft, verdanken wir auch die berühmte Sammlung der Kinder- und Hausmärchen.

1807 waren die Brüder von Clemens Brentano (1778–1842), einem Dichter aus dem Kreis der Heidelberger Romantik, gebeten worden, sich nach Märchen umzuhören, die erzählt wurden und diese schriftlich zu fixieren. Brentano hatte zusammen mit Achim von Arnim (1781–1831) die Liedersammlung „Aus des Knaben Wunderhorn" mit 723 Versen, Liedern und Balladen publiziert. Die Brüder Grimm hatten dafür mehrere Texte beigesteuert. Diese berühmte Liedersammlung, in der so bekannte Volkslieder wie „Wenn ich ein Vöglein wär", „Drei Gäns im Haberstoh", „Wenn alle Brünnlein fließen" oder „Ännchen von Tharau" zu finden sind, bezeichnet man heute als die Geburtsstunde der deutschen Kinderlyrik. Aus dieser Sammlung stammen auch viele Wiegenlieder, Abzählreime und Spiellieder, die heute noch sehr bekannt sind und im Kindergarten und der Grundschule gesungen werden. Erstmalig waren einige davon bereits durch Johann Gottfried Herder in seiner Sammlung „Stimmen der Völker in Liedern" (1778/79) veröffentlicht worden. Diese Verse und Lieder sind sozusagen die Schwestern der Märchen. Ihre Verwandtschaft besteht nicht zuletzt darin, dass beide Gattungen gern der Naturpoesie zugerechnet werden.

Jacob und Wilhelm Grimm folgten der Bitte Brentanos und übergaben ihm schon zwei Jahre später, 1809, eine erste Sammlung von 49 Märchen, die sie nach den mündlichen Erzählungen von sogenannten „Zuträgern" aufgeschrieben hatten. So nannte man diejenigen, die ins Arbeitszimmer der Brüder Grimm nach Kassel kamen, um ihre Märchen „abzuliefern", für die sie meist ein bescheidenes Entgelt erhielten. Es ist nicht richtig – auf einem viel zitierten Gemälde „Die Brüder Grimm bei der Märchenfrau" von Louis Katzenstein (Seitz 1990, S. 62) wird es so dargestellt –, dass die Brüder Grimm über Land zogen und in die Küchen und Gesindestuben von Bauern und Bürgerhäuser gingen und dort aufschrieben, was sie hörten. Umgekehrt war es: Die Grimms erbaten sich Märchen und fragten immer wieder nach, warteten und hielten dann schriftlich fest, was sie zu gebrauchen glaubten. Zu den bekanntesten „Zuträgerinnen", gehörten junge, gut gebildete Bürgertöchter aus Kassler Familien wie Jenny von Droste Hülshoff (Schwester der Dichterin Anette von Droste-Hülshoff), Marie Hassenpflug, die Schwestern Margarete und Dorothea Wild oder Friederike Mannel (Rölleke / Schindehütte 2011 und Rölleke 2012). Einige von ihnen stammten aus alten Hugenottengeschlechtern, daher ist nicht verwunderlich, dass sie ihre Märchenkenntnis auch aus französischen Quellen speisten. Die berühmteste Märchenerzählerin dürfte Dorothea Viehmann gewesen sein, von ihr stammen über 40 Märchen, sie war um einiges älter als die anderen. Sie ist auch diejenige, bei der sich die Brüder Grimm ausdrücklich in ihrem Vorwort für das Erzählgut bedanken und auch ein Bild von ihr publizieren, das dadurch recht bekannt geworden ist. Auch sie hatte, wie man inzwischen weiß, hugenottische Vorfahren.

Unter den Erzählern befand sich übrigens auch ein Mann, der pensionierte Dragonerwachtmeister Johann Friedrich Krause. Er erhielt für seine Märchenerzählungen von den Grimms alte, abgelegte Kleidungsstücke, für die er sich aufrichtig bedankte, da er in ärmlichen Verhältnissen lebte. Heinz Rölleke beschreibt, dass die Grimms diese Tauschaktion „Geschichten gegen Hosen" sehr schätzten, weil ihnen Krauses Märchen „eigenthümlich soldatisch" und sehr originell erschienen (Rölleke / Schindehütte 2011, S. 94). Von Krause stammt u. a. das Märchen „Der alte Sultan" und „Der Ranzen, das Hütlein und das Hörnlein", das bei Krause allerdings noch „Von der Serviette, dem Tornister, dem Kanonenhütlein und dem Horn" hieß.

Clemens Brentano bedankte sich bei den Brüdern Grimm für die erhaltenen Märchenaufschriebe, hat sie aber nie genutzt und auch nicht veröffentlicht, weil er längst mit anderen literarischen Plänen befasst war. Glücklicherweise hatten sich die Grimms Abschriften gemacht und so beschlossen sie, selbst einen Band mit Märchen herauszugeben.

Die erste Auflage der Märchen, die 1812 erschien, verkaufte sich allerdings denkbar schlecht. Auch von der nächsten, 1815 erschienen, blieben viele Exemplare unverkauft (Martus 2012, S. 17). Erst der 1819 erschienene Band und vor allem die sogenannte „Kleine Ausgabe" (1825) mit ausgewählten 50 Märchen aus der großen, zweibändigen Ausgabe (sie umfasste zunächst 156, später 211 Märchen) wurde populär (Rölleke / Schindehütte 2011, S. 32).

Dorothea Viehmann (Radierung von Ludwig Emil Grimm 1819), aus der 2. Ausgabe, 2. Teil der Kinder- und Hausmärchen

Was war geschehen und warum wollte zunächst niemand diese Märchen lesen?

Wie die Märchen zur Kinderliteratur wurden

Jacob und Wilhelm Grimm hatten ihre Märchensammlung zunächst nicht als ein Buch für Kinder geplant und veröffentlicht, sondern als das Ergebnis ihrer sprachwissenschaftlichen Sammler- und Forschungstätigkeit. Sie haben die Märchen gesammelt, weil sie zutiefst davon überzeugt waren, dass die deutsche Sprache bewahrt und gepflegt werden musste. Nach den langen, verheerenden Jahren des Krieges und der napoleonischen Fremdherrschaft lag das Land zu Beginn des 19. Jahrhunderts und mit ihm seine Sprache verletzt und zerstört am Boden. Die Romantiker, und das sind neben den Gelehrten Grimm Dichter wie Novalis, Tieck, E. T. A. Hoffmann, Brentano, von Arnim, Bechstein u. a., bemühten sich um eine Bewahrung der deutschen Sprachtradition. Die Märchen, so schien es ihnen, waren die schönsten Zeugnisse deutscher Sprachform, aber auch Relikte uralter Gesetze und Reste alter Nationalpoesie.

Die ersten Ausgaben der Hausmärchen waren also zunächst alles andere als Bücher für Kinder. Vergleicht man die späteren Fassungen miteinander, versteht man, was im Folgenden geschah. Zwei Veränderungen beförderten geradezu spektakulär ihre Verbreitung. Zum ersten erschienen die Märchen ab der zweiten Ausgabe nun mit Illustrationen. Die ersten Kupferstiche schuf dafür einer der Brüder der Grimms. Zum zweiten wurden die Märchen durch Bearbeitungen verändert. Insbesondere Wilhelm Grimm ist es zu verdanken, dass die Urfassung aufgegeben wurde, die holzschnittartige und grobe, zuweilen mit sexuellen Anspielungen versehene, Stellen enthielt. Wilhelm Grimm gab den Märchen die Gestalt, in der wir sie heute kennen und Kindern in die Hand geben.

Zu Lebzeiten der Brüder Grimm erschienen sieben Auflagen der großen, zweibändigen Ausgabe und zehn Auflagen der „Kleinen Ausgabe". In allen insgesamt 17 Auflagen gibt es immer wieder Veränderungen (Rölleke / Schindehütte 2011, S. 32). Alle Ausgaben beginnen übrigens mit dem Märchen „Der Froschkönig oder der eiserne Heinrich".

Wie hat Wilhelm Grimm die Texte bearbeitet? Er hat aus der indirekten Rede häufig direkte Rede gemacht, Verkleinerungsformen eingeführt, Redensarten, Sprichwörter, Stabreime und Klangmalereien aufgenommen. Dadurch gewannen die Märchen viel an Anschaulichkeit und poetischem Reiz. Die Handlungen wurden detaillierter und ausgeschmückter, daher auch für kindliche Leser erlebbar. Gut kann man das beobachten, wenn man z. B. zwei Fassungen des „Froschkönig" nebeneinander hält. In der ersten, der handschriftlichen Urfassung von 1812 wird relativ lapidar ein Fall berichtet (s. S. 16). In der überarbeiteten Fassung wird sehr viel mehr Wert auf die dreimalige Wiederholung der Türklopfszene des Frosches gelegt, der Frosch wird als „alter Wasserpatscher" bezeichnet und die Dialoge zwischen Frosch und Prinzessin oder auch zwischen Vater und Tochter sind viel einprägsamer geschildert (s. S. 17). Die Situationen sind anschaulicher, lebendiger und mit Details versehen, man erlebt das Geschehen unmittelbar mit und hat sofort Bilder vor Augen.

Es ist aufschlussreich, sich die vielen ganz unterschiedlichen Illustrationen zu Märchen anzusehen und sie zu vergleichen. Auf den Seiten 15, 18 und 19 sind beispielhaft unterschiedliche Illustrationen zum Märchen „Der Froschkönig oder der eiserne Heinrich" aufgeführt.

Wilhelm Grimm ist durch seine Bearbeitungen und Poetisierungen tatsächlich ein Typus von Märchen gelungen, der stark dem Geschmack des biedermeierlichen Lesepublikums und seinem romantischen Kindheitsbild geschuldet war.

Aber ganz allgemein kann man sagen, dass die Märchen durch die Bearbeitungen zum einen dem kindlichen Verständnis angemessener gestaltet wurden, zum anderen aber auch jenen poetischen Erzählton erhalten haben, der sie zu etwas Besonderem machte. Deshalb spricht man in diesem Zusammenhang auch vom Typus der „Buchmärchen" (Petzoldt 2005, S. 246) bzw. sogar von der „Gattung Grimm" (Jolles 1968, S. 219).

Zeitgenössische Illustration von 1856 (Otto Speckter), Details aus Münchener Bilderbogen Nr. 193.

Szene aus der Ausgabe von 1900, Illustration von Bernhard Wenig

Wann ist ein Märchen ein Märchen?

Als Jacob und Wilhelm Grimm begannen, die Märchen nach mündlichen Überlieferungen aufzuschreiben, hatten sie ein Muster in der Hand, das ihnen Clemens von Brentano gegeben hatte und nachdem sie bei ihrem Aufschrieb verfahren sollten. Dieses Muster beruhte auf zwei Märchen, die der Maler Philipp Otto Runge nach mündlichen Erzählungen aufgeschrieben hatte. Es handelte sich um das „Märchen vom Fischer un siner Frau“ und um das Märchen „Vom Machandelboom“. Sie waren von Runge in der mundartlichen Fassung festgehalten worden.

In diesen beiden Märchen glaubte Clemens von Brentano, ein Grundmuster der Märchen zu erkennen, und bat die Gebrüder Grimm, nach ähnlichen mündlich überlieferten Erzählungen zu suchen und sie aufzuschreiben. Insofern kann man sagen, dass diese beiden von Runge überlieferten Märchen der Grundtyp der Volksmärchen sind, ihre mundartliche Fassung ist dabei eher nebensächlich.

Seit dem Erscheinen der „Kinder- und Hausmärchen“ haben sich Forscher unterschiedlicher Disziplinen mit dem Inhalt, der Form, der Geschichte und den Wirkungsweisen der Märchen befasst. Ethnologen möchten wissen, in welcher Region welche Arten mit welchen Inhalten erzählt werden und ob man volkskundliche Fragestellungen damit verbinden kann.

Literatur- und Sprachwissenschaftler untersuchen, wie die Textgestalt der Märchen in ihren unterschiedlichen Fassungen zu beschreiben sei.

Die Königstochter und der verzauberte Prinz

(Handschriftliche Urfassung des Märchens vom Froschkönig von 1810/Auszug)

Die jüngste Tochter des Königs ging hinaus in den Wald, und setzte sich an einen kühlen Brunnen. Darauf nahm sie eine goldene Kugel und spielte damit, als diese plötzlich in den Brunnen hinabrollte. Sie sah, wie sie in die Tiefe fiel und stand an dem Brunnen und war sehr traurig. Auf einmal streckte ein Frosch seinen Kopf aus dem Wasser und sprach: Warum klagst du so sehr. Ach! Du garstiger Frosch, antwortete sie, du kannst mir doch nicht helfen, meine goldene Kugel ist mir in den Brunnen gefallen. Da sagte der Frosch, wenn du mich mit nach Haus nehmen willst, so will ich dir deine goldene Kugel wieder holen. Und als sie es versprochen, tauchte er unter und kam bald, die Kugel im Maul, wieder in die Höhe, und warf sie ans Land. Da nahm die Königstochter (!) eilig ihre Kugel wieder und lief eilig fort, und hörte nicht auf den Frosch, der ihr nachrief, sie solle ihn mitnehmen, wie sie ihm versprochen. Und als sie nach Haus kam, setzte sie sich an die Tafel zu ihrem Vater, und wie sie eben eßen wollte, klopfte es an die Thüre und rief: Königstochter jüngste mach mir auf! Und sie eilte hin und sah, wer es war, da war es der häßliche Frosch und sie warf eilig die Thüre wieder zu. Ihr Vater aber fragte, wer da sey und sie erzählte ihm alles. Da rief es wieder

Königstochter jüngste
mach mir auf
weißt du nicht was gestern
du zu mir gesagt,
bei dem kühlen Brunnenwaßer
Königstochter jüngste
mach mir auf

Und der König befahl ihr, dem Frosch aufzumachen, und er hüpfte herein. Dann sprach (er zu) ihr: setz mich zu dir an den Tisch, ich will mit dir eßen. Sie wollte es nicht thun, bis daß es der König auch befahl. Und der Frosch saß an der Seite der Königstochter und aß mit. Und als er satt war, sprach er zu ihr: bring mich in dein Bettlein ich will bei dir schlafen. Das wollte sie aber durchaus nicht, denn sie fürchtete sich sehr vor dem kalten Frosch. Aber der König befahl es wiederum, da nahm sie den Frosch und trug ihn in ihre Kammer und voll Zorn faßt sie ihn und warf ihn mit aller Gewalt wieder die Wand in ihrem Bett. Wie er aber an die Wand kam, so fiel er herunter in das Bett und lag darin als ein junger, schöner Prinz, da legte sich die Königstochter zu ihm.

Und am Morgen kam ein schöner Wagen mit dem treuen Diener des Prinzen, der hatte ein solch großes Leid über die Verwandlung deßelben gehabt, daß er drei eiserne Bande um sein Herz legen mußte. Und der Prinz und die Königstochter setzten sich in den Wagen, und der treue Diener stellte sich hinten auf, und sie wollten in sein Reich fahren. Und wie sie ein Stück Wegs gefahren sind, hört der Prinz hinter sich ein lautes Krachen. Da ruft er:

Heinrich der Wagen bricht!
Nein Herr der Wagen nicht,
Es ist ein Band von meinem Herzen,
das da lag in großen Schmerzen
als ihr an dem Brunnen saßt
als ihr eine Fretsche (Frosch) wart

(Grimm 2007, S. 45–46).

Der Froschkönig oder der eiserne Heinrich

(Überarbeitete Fassung, Große Ausgabe von 1857 – Ausgabe letzter Hand/Auszug)

In den alten Zeiten, wo das Wünschen noch geholfen hat, lebte ein König, dessen Töchter waren alle schön, aber die jüngste war so schön, daß die Sonne selber, die doch so vieles gesehen hat, sich verwunderte, so oft sie ihr ins Gesicht schien. Nahe bei dem Schlosse des Königs lag ein großer dunkler Wald, und in dem Walde unter einer alten Linde war ein Brunnen; wenn nun der Tag sehr heiß war, so ging das Königskind hinaus in den Wald und setzte sich an den Rand des kühlen Brunnens, und wenn sie Langeweile hatte, so nahm sie eine goldene Kugel, warf sie in die Höhe und fing sie wieder; und das war ihr liebstes Spielwerk.
Nun trug es sich einmal zu, daß die goldene Kugel der Königstochter nicht in ihr Händchen fiel, das sie in die Höhe gehalten hatte, sondern vorbei auf die Erde schlug und geradezu ins Wasser hineinrollte. Die Königstochter folgte ihr mit den Augen nach, aber die Kugel verschwand, und der Brunnen war tief, so tief, daß man keinen Grund sah. Da fing sie an zu weinen und weinte immer lauter und konnte sich gar nicht trösten. Und wie sie so klagte, rief ihr jemand zu: »Was hast du vor, Königstochter, du schreist ja, daß sich ein Stein erbarmen möchte.« Sie sah sich um, woher die Stimme käme, da erblickte sie einen Frosch, der seinen dicken, häßlichen Kopf aus dem Wasser streckte. »Ach, du bist's, alter Wasserpatscher«, sagte sie, »ich weine über meine goldene Kugel, die mir in den Brunnen hinabgefallen ist.« »Sei still und weine nicht«, antwortete der Frosch, »ich kann wohl Rat schaffen, aber was giebst du mir, wenn ich dein Spielwerk wieder heraushole?« »Was du haben willst, lieber Frosch«, sagte sie, »meine Kleider, meine Perlen und Edelsteine, auch noch die goldene Krone, die ich trage.« Der Frosch antwortete: »Deine Kleider, deine Perlen und Edelsteine, und deine goldene Krone, die mag ich nicht; aber wenn du mich lieb haben willst und ich soll dein Geselle und Spielkamerad sein, an deinem Tischlein neben dir sitzen, von deinem goldenen Tellerlein essen, aus deinem Becherlein trinken, in deinem Bettlein schlafen: wenn du mir das versprichst, so will ich hinuntersteigen und dir die goldene Kugel wieder herausholen.« »Ach ja«, sagte sie, »ich verspreche dir alles, was du willst, wenn du mir nur die Kugel wieder bringst.« Sie dachte aber: »Was der einfältige Frosch schwätzt, der sitzt im Wasser bei seinesgleichen und quakt, und kann keines Menschen Geselle sein«

(Grimm 1980/2001, S. 29–30).

Psychologen und Pädagogen interessieren sich dafür, welche Bedeutung Märchen für die psychische Entwicklung der Kinder, die Ausbildung ihrer Sprach- und Erzählfähigkeit, ihrer Phantasie und ihres Welt- und Selbstbildes haben können.

Psychoanalytiker bemühen sich um eine Deutung der Märcheninhalte und ihrer Formen und nutzen sie für Therapien. Das berühmteste Beispiel dürfte hierfür Bruno Bettelheims Schrift „Kinder brauchen Märchen" sein. Immer steht am Anfang aller wissenschaftlichen Beschäfti-

Werner Klemkes Illustration in der seit fünf Jahrzehnten beliebten und auf dem Buchmarkt präsenten Märchenauswahl zeigt die einzelnen Phasen des Froschkönig-Märchens als aufeinanderfolgende Handlungsschritte.

Die Bilderbuchkünstlerin Henriette Sauvant hat das Märchen inzwischen mehrfach und ganz verschieden illustriert: rechts aus der Ausgabe „Zaubermärchen“ Hanser Verlag 2004, oben die Ausgabe bei Coppenrath 2012

Binette Schröders Illustrationen wirken wie Sequenzen eines ablaufenden Films, sie ähneln Theaterkulissen und betonen überdeutlich die Zeitlichkeit der Ereignisse. Herausragend hier die Verwandlungsszene vom Frosch zum Königssohn.

gungen aber vermutlich die Frage, was denn nun ein Märchen sei?

Die Brüder Grimm vertraten noch die Auffassung, dass Märchen die Reste alter Götter- und Heldensagen seien. Sie vermuteten ihren Ursprung im Indogermanischen. Spätere Forscher versuchten beispielsweise zu beweisen, dass das Ursprungsland der Märchen Indien sei, wieder andere postulierten eine Polygenese der Märchen oder die Annahme, dass Märchen ausschließlich aus der Unterschicht stammten.

Woher die Märchen aber wirklich kamen, wer sie zuerst und wo erzählte, bleibt bis heute unbewiesen und wird weiterhin diskutiert werden (ausführlicher bei Haas 1984, S. 296–323). Daher sollen hier nur einige Definitionen skizziert werden:

Bolte / Polivka haben versucht, das Märchen begrifflich so zu fassen: „Unter einem Märchen verstehen wir seit Herder und den Brüdern Grimm eine mit dichterischer Phantasie entworfene Erzählung besonders aus der Zauberwelt, eine nicht an die Bedingungen des wirklichen Lebens geknüpfte wunderbare Geschichte, die hoch und niedrig mit Vergnügen anhören, auch wenn sie diese unglaublich finden" (Anmerkungen zu den Kinder- und Hausmärchen der Brüder Grimm Bolte / Polivka 1939, S. 4). Sie betonen, dass das Märchen sich nicht an die Realität bindet, aber wahrscheinlich gerade dadurch – weil es wunderbar, aber nicht wahr ist – so geliebt wird.

Die russische Volkskundlerin Erna V. Pomeranzewa definiert das Märchen so: „Das Volksmärchen ist ein von Mund zu Mund weitergegebenes Werk der epischen Dichtung [...] verschiedenen Charakters (Zauber-, Abenteuer-, Alltagsmärchen), dessen Ziel die Darstellung eines erfundenen Inhalts ist" (Pomeranzewa 1960, S. 444). Sie betont also stark die ursprünglich mündliche Herkunft der Märchen, die ja auch den Märchen in aufgeschriebener Form immer anzumerken ist.

Andre Jolles interessiert sich dagegen für die ethische Funktion, wenn er sagt, dass entscheidend sei, „daß in dem Märchen eine Form vorsen wird. Laut der Erfurter Studie hat jeder vierte befragte Lehrer im laufenden Schuljahr kein einziges Kinderbuch mit den Kindern behandelt. Da Märchen und Sagen in den Lehrplänen der Schulen als kinderliterarische Gattung zählen, ist dieser Befund alarmierend.

Genauso problematisch wie die Frage, ob Kinder in der Schule ausreichend mit der Lektüre von Märchen versorgt werden, muss ein weiterer Befund der Studie erscheinen. Die Studie hat ergeben, dass Lehrer bei ihrer Lektüreauswahl realistische, problemorientierte Kinderliteratur bevorzugen. 43 % der von ihnen genannten Titel weisen das aus. Märchen und Sagen dagegen werden im Grundschulunterricht nur mit 15 % von ihnen veranschlagt. Diametral entgegen steht dem die Beliebtheit der Märchen bei den Kindern. Nach ihren Lektürevorlieben befragt, geben Kinder Folgendes an: Abenteuergeschichten 64,4 %, Sachbücher 55,9 %, Tiergeschichten 45,4 %, Märchen und Sagen 45,0 %, Fernsehbegleitliteratur 27,1 %, Realistische Literatur 25,0 % (ebd. S. 64). Die Befunde ihrer Studie veranlassten die Erfurter Wissenschaftler in den Folgejahren umfangreiche Unterrichtsexperimente durchzuführen, in denen sie vorzugsweise Volksmärchen und Kunstmärchen als Unterrichtslektüre wählten. Deren poetische Qualität, die starke Wirkungskraft der Bilder wurde von ihnen in einem Unterricht erprobt, der produktive, handlungsorientierte didaktische Konzepte nutzte und auf das ganzheitliche Erleben der Kinder setzte. Die erfreulichen Ergebnisse dieser Projekte sind umfangreich publiziert worden. Auf einige dieser Unterrichtsprojekte wird hier im Buch noch verwiesen (s. Kapitel 2).

Märchen-Lesarten von Kindern

Eine zweite, bereits früher durchgeführte, empirische Untersuchung ist für die Frage, warum und wie Kinder Volksmärchen als Lektüre bevorzugen, aufschlussreich. Sie arbeitete auf ungewöhnliche Weise mit Selbstaussagen von Kindern, genauer gesagt mit von Kindern ge-

Kinder malen ihren liebsten Leseplatz

schriebenen Märchen. Von 1986 bis 1988 hat die Theaterpädagogin und Erzählforscherin Kristin Wardetzky eine großangelegte empirische Studie zur Märchenrezeption von Kindern in Ostberlin, in der ehemaligen DDR, vorgelegt (Wardetzky 1992).

Sie bat die Kinder, eine Geschichte nach einer knappen, und ausdrücklich nicht als Märchen, sondern als Geschichtenanfang bezeichneten Vorgabe zu schreiben. Im eigenen Schreiben, so ihre Annahme, würden die Kinder ihr Märchenwissen produktiv nutzen können. Bezeichnenderweise schrieben über 75 % der 1577 acht- bis elfjährigen an der Studie beteiligten Kinder Märchen (vgl. Wardetzky 1996).

Für die klare Bevorzugung des Märchens als Textform gibt Wardetzky mehrere Erklärungen:

- Zunächst einmal scheint das Märchen für Kinder ein Angebot, Abenteuer und Flucht aus der Wirklichkeit zu erleben, es gewissermaßen gedanklich durchspielen zu können.
- Zweitens werden Kinder in den Märchen mit eigenen erlebten Spannungen und Krisen konfrontiert, die eine persönliche Betroffenheit auslösen, also eine Widerbegegnung mit eigenen Ängsten, Wünschen, Hoffnungen ermöglichen.
- Drittens scheinen die Kinder besonders die Wiederholungen und Variationen, die die traditionellen Baumuster der Märchen ja immer haben, zu genießen. Sie seien wie ein sicherer Rahmen, in dem sich die kindliche Phantasie entfalten kann. „Das Kind fühlt sich in der Welt des Märchens schnell heimisch, da es die Regeln dieser Welt überschaut" (Wardetzky 1994, S. 4).

Und es genießt ganz offensichtlich auch die Lust-Angst, die das Märchen bietet und fühlt sich in seinem eigenen animistischen und magischen Denken verstanden, das Kinder im Vorschul- und Grundschulalter mit den Märchen durchaus teilen.

Einige Jahre später, nach dem Mauerfall, bot sich die Gelegenheit für eine Vergleichsstudie mit 772 Kindern in Westdeutschland. Sie ergab, dass sich die kindlichen Fabulate der in unterschiedlichen Gesellschaftsordnungen aufgewachsenen und sozialisierten Kinder gravierend unterschieden. Bei den Kindern aus Hessen, Baden-Württemberg und Niedersachsen wählte nur ein kleiner Teil, nämlich gerade mal 15 % der Kinder, die alte Textform der Märchen.

Diese Kinder schrieben Alltagserzählungen, Abenteuer- und Verbrechergeschichten, phantastische oder tierische Erzählungen. Wardetzky führt das darauf zurück, dass bei diesen Kindern das Märchen als Gattung viel weniger präsent war als bei den Kindern aus Ostberlin, deren Sozialisierung in Schule und Elternhaus durchweg sehr stark mit Märchen verbunden war.

Auch inhaltlich unterschieden sich die kindlichen Märchentexte. Die Kinder in der DDR gestalteten in ihren Märchen existenzielle Konflikte. Bei den Märchen der Kinder aus Westdeutschland beobachtet Wardetzky: „Nur selten geht es in Konfrontationen um Tod und Leben. Wenn so etwas wie Gefährdung, Bedrohung, Herausforderung aufflackert, dann jeweils nur sparsam dosiert: Immer ist davon nur ein bisschen vorhanden – ein bisschen Einsamkeit, ein bisschen Gefahr, ein bisschen Bedrohung [...]. Der kleine Schreck, der kleine Schmerz werden im Nu erfolgreich weggekuschelt" (Wardetzky 1992, S. 47).

Als wiederum einige Zeit später (1995) noch einmal Befragungen bei Ostberliner und Brandenburger Kindern nach ihrem Verhältnis zum Märchen durchgeführt wurden, zeigte sich ein verändertes Bild. Inzwischen waren auch bei diesen Kindern die Comics, Computerspiele und

Märchenvideos im Kinderzimmer angekommen und auf dem Markt jede Menge triviale Märchenbilderbücher im Angebot. Die Kinder gaben nun an, früher mehr Märchen gelesen zu haben, aber 80 % der Kinder betonen dennoch, dass sie Märchen lieben. Die Favoriten der Kinder waren jetzt Dinosaurierbücher, Asterix und Obelix, Hanni und Nanni, die Kinderbücher von Astrid Lindgren und Michael Ende, Pferde- und Hexenbücher (Wardetzky 1995, S. 11).

Auf die ganz und gar unterschiedlichen Rezeptionen von verfilmten und gelesenen Märchen, die Kristin Wardetzky beobachten konnte, wird im letzten Kapitel ausführlich eingegangen werden.

Die Verwandten des Volksmärchens

Die ältesten, wahrscheinlich weit vor den Märchen entstandenen, literarischen Zeugnisse menschlicher Imaginationen sind die Mythen. In allen Kulturkreisen kann man diese Götter- und Heldensagen finden, die von der Entstehung der Welt und der Menschen erzählen und insofern Deutungsversuche menschlicher Existenz darstellen.

Im europäischen Kulturkreis gehören die griechischen und römischen Mythen, wie sie etwa von Homer (Ilias, Odyssee), von Hesiod oder von Ovid (Metamorphosen) erzählt wurden, bis in die Gegenwart zum Bildungskanon auch schulischer Vermittlungen (ab Sek. I). Viele der Motive, Sujets oder auch Figuren dieser großen antiken Erzählstoffe findet man auch in der Dichtung wieder.

Eine Abgrenzung zwischen Mythen und Sagen vornehmen zu wollen, ist nicht ganz einfach, die Bezeichnungen werden häufig synonym gebraucht. Erwähnt werden muss in unserem Zusammenhang, dass Jacob und Wilhelm Grimm sich nach der Sammlung ihrer Märchen auch um die Sammlung von Sagen verdient gemacht haben. Sie publizierten von 1816–1818 eine Sammlung „Deutsche Sagen". In der Vorrede dazu schreiben die Gebrüder Grimm über den Unterschied der Gattungen: „Das Märchen ist poetischer, die Sage historischer " (Petzoldt 2005, S. 256).

Einen hohen Bekanntheitsgrad dürften auch die „Sagen des klassischen Altertums" haben, die Gustav Schwab zwischen 1838 und 1840 herausgegeben hat und die ähnlich wie die „Kinder- und Hausmärchen" große Verbreitung erfuhren, aber dennoch nie aus dem Schatten der Grimmschen Märchen hervortreten konnten (Schwab 2011).

Mythen für Kinder erzählen

Immer wieder haben Autoren versucht, die antiken Mythenstoffe für Kinder und Jugendliche neu zu erzählen, was eine große Herausforderung darstellt. Walter Jens hat in den fünfziger Jahren die „Ilias" für Kinder publiziert. Im Kinderbuchverlag Ostberlin hat es eine großangelegte Reihe von Adaptionen antiker Mythenstoffe gegeben, hier entstanden mit den Neuerzählungen von „Herakles" (Hüttner 1979), von „Daidalos und Ikaros" (Holtz-Baumert 1984), der „Gudrunsage" (Nowotny 1976) oder den „Argonauten" (Hermlin 1974) gelungene Adaptionen schon für jüngste Leser.

Am bekanntesten und bis heute verfügbar sind sicher die herausragenden Adaptionen durch Franz Fühmann. „Mythen sind Menschheitserfahrungen", sagt Franz Fühmann und solche Erfahrungen mutet er auch Kindern zu (Fühmann 1973, S. 191).

Es sind durchweg abenteuerliche Geschichten von Kämpfen und Niederlagen und Siegen, die die jeweiligen Helden durchleben und erleiden. Die Geschichten sind immer dramatisch, es passiert viel, aber man kann leicht den Überblick über die vielen Figuren und Schauplätze verlieren. Fühmann vermeidet ein Allzuviel und beschränkt sich auf Hauptlinien der Handlung, die er nachvollziehbar, aber nie versimplifizierend zeichnet. Man geht gleichsam neben den Helden den gleichen Weg mit, schaut sich um, denkt nach, schaudert und hofft, bangt und leidet.

Man weiß, dass Fühmann akribische Quellenstudien und Textrecherchen bei seiner Arbeit an den Adaptionen geleistet hat. Im Vorwort zum „Odysseus" erklärt er, dass er die Übersetzung von Johann Heinrich Voss genutzt habe, damit aber sehr frei umgegangen sei, ergänzt und weggelassen habe. „Das Buch kann die Lektüre Homers nicht ersetzen, es will zu ihm hinführen" (Fühmann 2011b, S. 5), betont er. Die Neuerzählung des dramatischen Stoffes von „Prometheus" (s. S. 26) hat Fühmann besonders lange beschäftigt. Inzwischen gibt es mehrere unterschiedliche Illustrationen zu den Buchausgaben. Bilder spielen eine große Rolle, die Kinder nehmen sie intensiv wahr, wenn sie sich in die Lektüre vertiefen. Die Bilder können viel dazu beitragen, bleibende Eindrücke zu hinterlassen und die Phantasie der Leser zu beflügeln.

Was sich hier vor den staunenden Augen des Betrachters auftut, kommt einer Verführung gleich. Waren auch die früheren Illustrationen von Angela Hampel oder Nuria Quevedo expressiv sowie verstörend und blieben lange im Gedächtnis, so sind die von Janssen dazu angetan, einen Sinnenrausch zu erzeugen. Die seltsamen Perspektiven und Blickwinkel, aus denen heraus die Figuren agieren, die collagehaft ausgeschnittenen Gliedmaßen und ihre bizarren Gesten, die manchmal wie erstarrt scheinenden Blickkontakte, erfordern geduldiges Betrachten. Man entdeckt, je länger man schaut, immer mehr und Sonderbares. Zunächst sind es die präzisen Details einer Hautschattierung auf einem Unterarm, einer Hand, einem verdrehten Gesicht, die die Bilder stark plastisch und gleichzeitig reliefartig erscheinen lassen. Man fragt sich immer wieder nach der verborgenen Symbolik der Bildwelten, sucht Analogien zum Text, vergleicht, ist irritiert, erfreut, entzückt und verwirrt zugleich. Die Bände kann man gut an den Primärfarben unterscheiden, die Janssen gewählt hat. Die ausgesuchte Farbe versteht sich als ein deutlicher Verweis auf den Grundton der Erzählung.

In „Prometheus" ist es ein gleißendes, blutiges und zugleich auch königliches Rot, das den Kampf der Titanen gegen die Götter begleitet. Hier grundiert das Rot die Kämpfe und Niederlagen des jungen, aufbegehrenden Titanensohns, der mit Zeus zusammen die Schlacht der Götter

„Im Unterschied zum Märchen erzählen Mythen von Ereignissen, die große Gemeinschaften berühren, die individuelle Schicksale in gesellschaftlichen Kontexten begreifbar machen und die existenziellen Grundmuster menschlichen Lebens widerspiegeln: die immer wieder gestellte Sinnfrage des Lebens, der Abschied und die Ankunft, die Wünsche nach Glück in ihrer unterschiedlichen materiellen und geistigen Gestalt, die Frage nach den Hintergründen menschlicher Beziehungen in familiären und gesellschaftlichen Räumen" (Richter/Jahn 2008, S. 11).

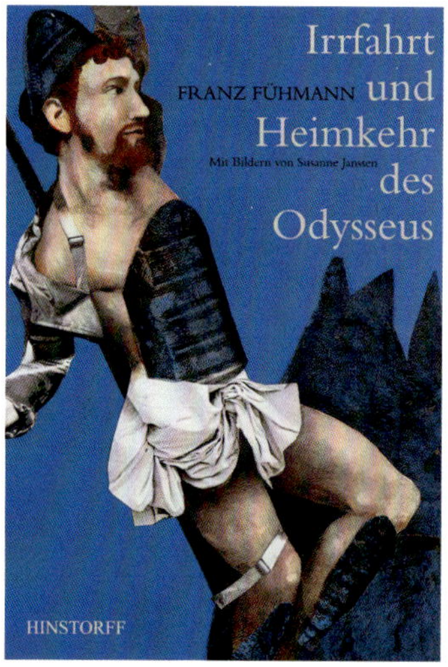

Zuletzt erschienene Ausgaben des mythischen Stoffes mit Bildern von Susanne Janssen

gegen die Titanen anführt und gewinnt und dann doch verliert, um schließlich den ersten Menschen aus einem Klumpen Ton zu erschaffen.

Die „Irrfahrt und Heimkehr des Odysseus" begleitet ein tiefes, unergründliches, nachtfarbenes Blau, die weiche und schier grenzenlose Farbe des Wassers und der Meere, auf denen Odysseus ja auch unterwegs ist.

Die „Sage von Trojas Fall" schließlich rahmt ein kupferfarbener Goldton, glänzend und schwer wie ein edles Metall, so schwer und düster wie die erzählte Geschichte.

In der Regel werden Mythen erst Kindern ab der Sekundarstufe zur Lektüre angeboten. Dabei können gerade die durchweg abenteuerlichen, spannenden Geschichten besonders Jungen begeistern und einen guten Zugang zur Literatur anbahnen (Richter/Jahn 2008, S. 31).

An dieser Stelle soll auf zwei Bilderbücher verwiesen werden, die Schöpfungsmythen erzählen und jüngere Leser ansprechen. Das Bilderbuch „Die Werkstatt der Schmetterlinge" von Gioconda Belli beginnt so: „Schmetterlinge wiegen fast nichts. Sie sind ganz leicht. So leicht, als ob die Sonne mit den Wimpern zuckt, als ob sie vom Licht geblendet sei und ihre Augen rot und gelb blinzelten. Schmetterlinge sind wie das Niesen des Regenbogens. Vor langer Zeit gab es keine Schmetterlinge. Und viele andere Pflanzen und Tiere nicht, die alle noch darauf warteten, erschaffen zu werden. Das war die Arbeit der Gestalter aller Dinge" (Belli 1996, S. 3).

Der junge Gestalter Rudolfo träumt davon, ein ganz besonderes Wesen zu erschaffen, etwas, das zwischen Tier und Pflanzen changiert. Eine solche Vermischung ist streng verboten. Rudolfo und seine Freunde wagen es trotzdem und erfinden den ersten Schmetterling. Als sie ihre Erfindung präsentieren, ist auch die weise Alte überzeugt und Rudolfo wird nicht bestraft.

Für Kinder ist die Schilderung der Gestalter aller Dinge und ihrer Gehilfen sehr beeindruckend. Da gibt es die Riesen für die großen Tiere, die Erfinder der Katzentiere, die Erfinder

der Hunde, die Gestalter der Meerestiere, die Gestalter der Bäume und der Büsche, die Blumengestalterinnen, die Erfinder der Vögel, die Gestalter der Schlangen, die Erfinder der Metalle und die Insektengestalter. Die Illustrationen des Bilderbuches zeigen diese phantastischen Wesen und es ist bietet sich an, mit den Kindern diese Wesen auszuprobieren. Sei es durch das szenische Spiel, in dem man sich verkleidet, durch das Puppenspiel mit selbstgebastelten Figuren oder auch nur malend und zeichnend, um sich selbst ein Bild vom Geschehen machen zu können.

Der zweite Bilderbuchtipp ist „Die Arche Noah", unter anderem illustriert von Hans Ticha oder auch von Lisbeth Zwerger (Janisch 1997). Die Erzählung von der großen Sintflut, aus der Noah die Tiere führte, ist abenteuerlich und voller starker Bilder. Viele Tage mussten alle auf dem Meer ausharren, in einem großen Schiff, bis endlich die Taube kam und das Land verkündete, nach dem alle so sehnsüchtig Ausschau hielten. Die Geschichte von Noah, der die Arche baute und damit menschliches und tierisches Leben vor dem Untergang bewahrte, gehört zu den Ur-

Franz Fühmann über Märchen und Mythos

„Märchen wie Mythen sind dem Spiel verwandt, doch im Märchen gibt es nur einerlei Spielregeln, und die sind eindeutig und werden stets eingehalten. Der Mythos kennt verschiedene Systeme von Spielregeln, solche für Menschen und solche für Götter, und jedem sind die der Anderen nicht vollkommen klar und auch nicht vollkommen erkennbar."

„Im Märchen geht es immer eindeutig gerecht zu, im Mythos gibt es verschiedene Gerechtigkeiten."

„Das Märchen lehrt träumen; der Mythos lehrt leben. Das Märchen gibt Trost; der Mythos Erfahrung."

„Der Unterschied zwischen Märchen und Mythos ist der zwischen Verstehen und Nachvollziehen. Das Märchen geht in der Erklärung vollkommen auf, aber man kann es nicht nachvollziehen, es sei denn im Tagtraum. Mythen gehen im Rationalen so wenig ganz auf wie ein Kunstwerk, doch sie ereignen sich ununterbrochen, und wer sie sieht und erzählen kann, ist ein Dichter."

(Führmann 1973, S. 191–195)

…Werkstatt der …chmetterlinge: …ie Blumenge…alterinnen aus …Buch (l.) und …ie Umsetzung der Szene mit …ostgebastelten Stabpuppen

geschichten der Menschen und ist im Erzählgut der Religionen tief verwurzelt.

Überall sind Heimatsagen zuhause

Der alte sorbische Sagenstoff vom *Krabat* ist ein großer Stoff, die ersten Aufzeichnungen stammen aus dem 19. Jahrhundert. An ihn haben sich schon mehrere Dichter gewagt und sie ganz unterschiedlich literarisch gestaltet. Da ist zunächst die frühe Bearbeitung der Ur-Sage durch Martin Nowak-Neumann (1954), die heute wahrscheinlich nur noch wenige kennen. Sehr viel bekannter dürfte die Erzählung Ottfried Preußlers (von 1971) sein, die zum Jugendbuchklassiker avancierte und auch durch Verfilmungen und Hörspielfassungen populär wurde. Die Lektüre der Erzählung von Jurij Brêzan (1976 erstmals erschienen) dürfte für Leser, die nicht in der Region der Sorben zuhause sind, aber möglicherweise Neuland sein. Brêzans Erzählung „Die schwarze

Warum der Himmel blau ist

Warum ist eigentlich der Himmel blau?
Vor etwa 7000000000000000000 Jahren war der Himmel rosa: Weshalb rosa?
Nun, weil es eben sehr modern war. Deshalb war der Himmel auch sehr eingebildet.
Er rief von früh bis spät: „Ich bin der schönste von allen!“ Der Mond war darüber sehr böse.
Er sagte zum Himmel: „Himmel, du warst für uns ein guter Freund, aber seitdem du rosa bist, bist du sehr eingebildet, deshalb verachten dich die anderen. Du sollst die Farbe blau erhalten.“
Und so wurde es dann auch. Wenn ihr seht, dass der Himmel grau ist, so wisst ihr jetzt, dass er wütend ist. Wenn es regnet, dann weint der einst rosarote Himmel. Das ist die wahre Geschichte vom Himmel. Mehr weiß ich auch nicht.

Thekla, 8 Jahre

Wie aus der Pfütze das Meer wurde

Es war einmal ein kleines Dorf in Amerika, in dem sich vor tausenden von Jahren ein Stückchen Erde entwickelte, nämlich der Blitz und das Wasser. In diesem Dorf wohnte ein Wissenschaftler. Wenn ihm irgendetwas nicht gelungen war, dann fing er an zu schimpfen. Er stampfte auf die Erde und brüllte seinen Zorn. Er riss die Bäume aus und fing vor Wut und Trauer laut zu heulen an. So entstand eine große Pfütze, in der man baden konnte. Und jedes Mal, wenn der Wissenschaftler zu schimpfen und zu heulen begann, kamen Blitz und Regen. Und weil das so oft geschah, bildete sich aus der Pfütze ein See und aus dem See ein Meer und aus dem Meer ein Ozean. Seitdem braucht niemand mehr in Pfützen zu baden.

Anna, 10 Jahre

Wie die Schafe entstanden

Es waren einmal zwei Riesen, die gern strickten.
Plötzlich fielen die Wollknäuel auf die Erde.
So entstanden die Schafe.

Elmo, 10 Jahre

Mühle" wird heute vom Hausverlag der Sorben, dem Domowina Verlag in Bautzen, publiziert. Es ist eine ungewöhnlich dichte, ästhetisch sehr anspruchsvolle Erzählung, deren Lektüre sehr zu empfehlen ist.

Die Krabat-Sage ist eine der wichtigsten Dichtungen der Sorben (Wenden) im alten slawischen Siedlungsgebiet, der Region der Lausitz um Hoyerswerda. Aber vielen Lesern der Krabat-Erzählungen wird vermutlich gar nicht bewusst sein, dass es sich um eine stark regional verwurzelte Geschichte, eine im besten Sinne Heimatsage handelt.

So kann man bei vielen alten Sagen fragen, welche Spuren früheren Lebens in ihnen aufgehoben sind und welche Botschaft, manchmal auch versteckte Warnung, in ihnen enthalten sein mag. Anders als bei Märchen, die keinen realen Ort und keine genaue Zeitangabe kennen, sind die Sagen geortet und auch häufig an eine bestimmte Zeit gebunden. In allen Regionen und allen Kulturkreisen gibt es Sagen, deren Ursprung nachgewiesen werden kann. Ihr häufig dramatisches Geschehen – eine Naturkatastrophe, ein Unglück, ein Vergehen – machen die Lektüre spannend und auch lehrreich. Erklärungen werden gesucht für das Unglück, Vermutungen über den Hergang angestellt und der Ausgang gedeutet.

Am Ende dieses Kapitels sollen die Kinder selbst zu Wort kommen. Die drei vorgestellten kindlichen Schöpfungsmythen auf S. 28 zeigen, dass auch Kinder versuchen, die Welt und ihr eigenes Leben darin symbolisch zu deuten. Die Texte sind auf einer Wiese in den Sommerferien geschrieben worden, als die Kinder sich zu einer Schreibwerkstatt mit Gleichaltrigen trafen.

Es sind Märchen vom Anfang der Welt, der Dinge und der Menschen. Sie zeigen uns, den erwachsenen Lesern, die kindliche Sicht auf diese großen, existenziellen Vorgänge und bieten eigenwillige Deutungen an.

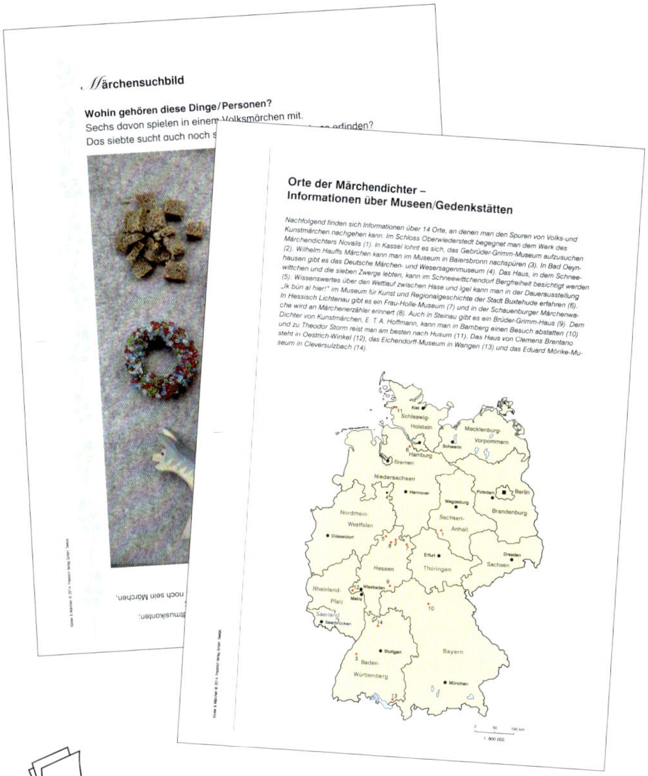

Zum Downloaden und Ausprobieren

- Die verlorenen Wörter unterm Schreibtisch
- Märchensuchbild
- Märchenmix
- Zwergen-ABC
- Orte der Märchendichter – Informationen über Museen/Gedenkstätten

KAPITEL 2
Die Kunstmärchen

Wenn man dem Eingangsbild folgt, dass neben den Volksmärchen die Kunstmärchen wohnen, dann kann man hinzufügen, dass die Kunstmärchen dort nur wohnen können, weil es das Haus der Volksmärchen schon gab.

Kunstmärchen sind von Dichtern erdacht und aufgeschrieben worden, die Volksmärchen sehr gut gekannt haben. Aus dem Vertrautsein mit den Märchenstoffen, ihrer Motivik, den dort auftretenden Figuren, der Art und Weise der Erzählstruktur, der Konfliktschemata etc. konnten neue, sehr kunstvolle Märchen geschaffen werden.

Die neu entstandenen Märchen sind mit den alten verwandt. Sie ähneln ihnen, wie Eltern und Kinder sich ähneln – und sind dennoch anders.

Wenn jetzt im Folgenden einige (und wiederum nur exemplarisch genannte) Kunstmärchen und ihre Schöpfer vorgestellt werden, dann wird dabei der Frage nachgegangen, welche Gemeinsamkeiten und welche Unterschiede zwischen den Kunstmärchen und den Volksmärchen zu beobachten sind. Was verbindet sie, was unterscheidet sie? Warum ist es wichtig, die Differenz ausmachen zu können, was bedeutet sie im Hinblick auf die Lektüreprozesse der kindlichen Leser?

Kunstmärchen der deutschen Romantik
(nicht nur für Kinder geschrieben)

Friedrich Novalis „Das Märchen von Hyazinth und Rosenblüt"
Ludwig Tieck „Der blonde Eckbert", „Ritter Blaubart", „Der gestiefelte Kater", „Elfen-Märchen"
Clemens Brentano „Das Märchen von Gockel und Hinkel", „Das Märchen vom Baron Hüpfenstich"
Adalbert von Chamisso „Peter Schlemihls wundersame Geschichte"

Kunstmärchen – von den Wegbereitern in der Romantik bis heute

Die in der Blütezeit der romantischen Literatur entstandenen Kunstmärchen von Dichtern wie Clemens Brentano, Friedrich Novalis, Ludwig Tieck, E. T. A. Hoffmann u. a. sind nicht in erster Linie als Kinderliteratur gedacht und geschrieben worden, haben sich aber im Lauf der Zeit in einigen Fällen zu Klassikern der Kinderliteratur entwickelt.

In der spätromantischen Kunstmärchendichtung entsteht mit E.T.A. Hoffmanns „Nußknacker und Mausekönig" das dualistische Erzählmodell des Wirklichkeitsmärchens. Damit findet auch der Übergang zwischen der romantischen Kunstmärchendichtung und der modernen Phantastik statt.

Während die Volksmärchen von Eindimensionalität geprägt sind und das Wirkliche und das Wunderbare übergangslos nebeneinander existieren, gibt es im Kunstmärchen und in der sich daraus entwickelnden phantastischen Literatur immer eine sogenannte Schwelle oder auch Schleuse, in der das Wirkliche und das Wunderbare, also das Diesseits und das Jenseits, aufeinander treffen. Der Zusammenstoß zweier Welten findet sehr häufig in der Psyche der jeweiligen Protagonisten statt, als seelischer Konflikt. „Traum oder Wirklichkeit?", fragt man sich zum Beispiel in Hoffmanns Märchen, wenn man erlebt, wie am Weihnachtsabend in Maries Kinderzimmer plötzlich der Pate Drosselmeier statt der Eule auf der Wanduhr sitzt und der hölzerne Nussknacker zu sprechen anfängt.

Hänsel und Gretel im Grimmschen Märchen finden es nicht ungewöhnlich, als sie im Wald auf ein Hexenhaus treffen, sie wundern sich auch nicht, dass das Hexenhaus sprechen kann. Dornröschen schläft im Schloss ihrer Eltern ein und wacht hundert Jahre später wieder auf – da ist sie noch genauso alt wie zum Zeitpunkt ihres Einschlafens. Marie aus dem Märchen „Frau Holle" springt in einen tiefen Brunnen und kommt unverletzt unten an. Die Brote im Backofen und die Äpfel am Baum rufen sie mit menschlicher Stimme an – Marie wundert sich kein bisschen darüber.

Während es im Volksmärchen immer nur eine Welt gibt und alles gleichberechtigt nebeneinander existiert, prallen im Kunstmärchen und in der phantastischen Erzählung sehr häufig zwei Welten aufeinander (s. Haas / Klingberg / Tabbert 1984b).

Die kleine Alice in Lewis Carolls „Alice im Wunderland" (Caroll) sitzt neben ihrer Schwester auf der Bank, als plötzlich ein Kaninchen vorbeihoppelt, auf seine Uhr schaut und im Kaninchenloch verschwindet. Alice wundert sich, steht auf und geht ihm nach. Durchs Kaninchenloch, der Schwelle also, kommt sie in die andere, die Wunderwelt.

In Erich Kästners „Der 35. Mai oder Konrad reitet in die Südsee" (Kästner) geht der kleine Junge mit seinem Onkel durch den Schrank in die andere Welt und das Pferd Kaballo begleitet sie. Der Umsteigepunkt, die Schwelle, ist der Schrank. Harry Potter kommt nur in die phantastische Welt, wenn er auf dem Bahnhof auf einem ganz bestimmten Bahnsteig, Gleis 9¾, steht, nur dort fährt der Zug in die andere Welt ab (Rowling). Der mechanische Prinz im gleichnamigen Buch von Andreas Steinhöfel, einem aktuellen Kinderbuch der Gegenwart, muss unter einer Uhr an einem U-Bahnhof in Berlin stehen und warten, dass die Zeiger auf eine bestimmte Zeit rücken – erst dann kann er die Refugien besuchen. Die phantastische Welt ist für ihn voller Gefahren und Rätsel, und er fürchtet sich bei jeder neuen Begegnung mit ihr (Steinhöfel).

Zweihundert Jahre früher und auch in Berlin schreibt E. T. A. Hoffmann seine Kunstmärchen für Leser, die sich gern gruseln.

Die phantastischen Welten des E. T. A. Hoffmann

Im Zimmer von E. T. A. Hoffmann (1776–1822) erklingt immer Musik. Er war nicht nur Dichter, er war auch Komponist, Kapellmeister, Theaterdirektor und Erzähler von grotesken und schauerlichen Erzählungen.

Als er „Nussknacker und Mausekönig" zum Jahresende 1816 als Weihnachtsmärchen veröffentlichte, war die Kritik niederschmetternd. Das sei keine Lektüre für Kinder, wurde ihm gesagt. Erst 50 Jahre später, 1892, kam es im Theater in Petersburg als Ballett mit Musik von Peter Tschaikowsky auf die Bühne und wurde von da an ein großer und, allerdings wohl hauptsächlich auf der Bühne, vielgespielter Erfolg.

Dieser Auszug aus dem Märchen „Nussknacker und Mausekönig" spielt an einem Weih-

Szene aus „Nussknacker und Mausekönig“

„Sie verschloss den Schrank und wollte ins Schlafzimmer, da – horcht auf Kinder! – da fing es an leise – leise zu wispern und zu flüstern und zu rascheln ringsherum, hinter dem Ofen, hinter den Stühlen, hinter den Schränken. – Die Wanduhr schnurrte dazwischen lauter und lauter, aber sie konnte nicht schlagen. Marie blickte hin, da hatte die große, vergoldete Eule, die darauf saß, ihre Flügel herabgesenkt, so daß sie die ganze Uhr überdeckten und den häßlichen Katzenkopf mit krummem Schnabel weit vorgestreckt. Und stärker schnurrte es mit vernehmlichen Worten: „Uhr, Uhre, Uhre, Uhren, müßt alle nur leise schnurren. – Mausekönig hat ja wohl ein feines Ohr – purrpurr – pum pum schlag an Glöcklein, schlag an, bald ist es um ihn getan!“ Und pum pum ging es ganz dumpf und heiser zwölfmal! – Marie fing es an sehr zu grauen, und entsetzt wär sie beinahe davongelaufen, als sie Pate Droßelmeier erblickte, der statt der Eule auf der Wanduhr saß und seine gelben Rockschöße von beiden Seiten wie Flügel herabgehängt hatte. Aber sie ermannte sich und rief laut und weinerlich: „Pate Droßelmeier, Pate Droßelmeier, was willst du da oben? Komm herunter zu mir und erschrecke mich nicht so, du böser Pate Droßelmeier!“ – Aber da ging ein tolles Kichern und Gepfeife los rundumher, und bald trottierte und lief es hinter den Wänden wie mit tausend kleinen Füßchen und tausend kleine Lichterchen blickten aus den Ritzen der Dielen. Aber nicht Lichterchen waren es, nein! Kleine, funkelnde Augen, und Marie wurde gewahr, dass überall Mäuse hervorguckten und sich hervorarbeiteten. Bald ging es trott – trott – hopp hopp in der Stube umher – immer lichtere und dichtere Haufen Mäuse galoppierten hin und her, und stellten sich endlich in Reihe und Glied, so wie Fritz seine Soldaten zu stellen pflegte, wenn es zur Schlacht gehen sollte. Das kam nun Marie sehr possierlich vor, und da sie nicht, wie manche anderen Kinder, einen natürlichen Abscheu gegen Mäuse hatte, wollte ihr eben alles Grauen vergehen, als es mit einem mal so entsetzlich und so schneidend zu pfeifen begann, dass es ihr eiskalt über den Rücken lief!“ (Hoffmann, S. 112–113).

nachtsabend im Haus der Familie des Medizinalrates Stahlbaum. Die Kinder Fritz und Marie bekommen schöne Geschenke. Neben den Spielzeugsoldaten, Bilderbüchern, Puppen, dem Steckenpferd und dem wundersamen Schloss, das der Pate Drosselmeier den Kindern schenkt, gibt es auch einen hölzernen Nussknacker, in den sich die siebenjährige Marie gleich verliebt. Dieser Nussknacker wird in den folgenden Nächten zur Hauptfigur im Kampf gegen den bösen Mausekönig. Marie hilft dem Nussknacker und gerät schließlich durch den Ärmel des Pelzmantels ihres Vaters, der im Schrank hängt, in ein phantastisches Puppenreich. Sieben goldene Krönchen vom Arm des Mausekönigs bekommt Marie zum Dank für ihre Hilfe. Als sie die Krönchen am nächsten Tag ihren Eltern zeigt, will ihr niemand glauben, was sie erzählt. Hat Marie geträumt? Ist es wirklich in der Nacht zum wüsten Kampf zwischen Mausekönig und Nussknacker gekommen?

In diesem Kunstmärchen von Hoffmann wechseln die Erzählebenen kunstvoll ab. Neben der Wirklichkeitsebene, dem familiären Zuhause der kleinen Marie, gibt es das Binnenmärchen „Von der harten Nuss" und ein phantastisches Puppenreich, in das der Nussknacker Marie führt. Das Ende des Kunstmärchens bleibt offen und ist mehr als vieldeutig.

So etwas kennt das Volksmärchen nicht. Hier wird linear und ohne kompliziert verschachtelte Erzählebenen erzählt. Im Volksmärchen gibt es keine Nebenschauplätze, keine Vor- und Rückblenden. Das ist auch der Grund, warum sich Volksmärchen leicht erzählen lassen, während das Kunstmärchen am liebsten vorgelesen werden will. Das Märchen vom Nussknacker erzählen zu wollen, würde bedeuten, es unzulässig verkürzen und vereinfachen zu müssen. Wie-

„Die Bedrohung Maries durch den Mauskönig" und „Die Schlacht" – Illustrationen von Roberto Innocenti

Umstieg ins Puppenreich – Illustration von Lisbeth Zwerger

viel an bilderreichen, stimmungsvollen Szenen würde dabei verlorengehen. Die Einladung an die Leser, über die raffinierte Konstruktion der Erzählebenen nachzudenken, sich mit den Bezügen und Verweisen zu beschäftigen, würde wegfallen.

Vielleicht liegt darin auch der Grund, warum das überwiegende Interesse der Deutschdidaktiker am Kunstmärchen dem Unterricht in der Sekundarstufe und im Gymnasium vorbehalten ist. Während sich die kinderliterarische Forschung den Kunstmärchen der Romantik zuwendet und man sich besonders bei Hans Heino Ewers (2010), Bettina Hurrelmann (1995), Rüdiger Steinlein (1987) und auch bei Gerhard Haas (1984 a) oder Volker Klotz (1987) u. a. belesen kann, findet man kaum didaktische Literatur zu dieser Kunstgattung für die Grundschulkinder. Eine große Ausnahme bilden hier die didaktischen Entwürfe und Materialien von Karin Richter, Leonore Jahn u. a. aus Erfurt (2006). In ihrem Buch „Bildwelten zu E. T. A. Hoffmann – Nussknacker und Mausekönig" beschreiben sie umfangreich und zum Nachahmen auffordernd, wie sie mit dem Märchen in 3. bis 6. Klassen unterwegs gewesen sind. Es ist ein besonderes Verdienst der Herausgeberinnen, diese Unterrichtsmodelle bereits für die Grundschule entworfen und erprobt zu haben und nicht erst für die Sekundarstufe. Das Ergebnis gibt ihnen Recht: Gerade Grundschulkinder können sich für die phantastischen Szenerien begeistern und gehen emphatisch und kreativ mit der Lektüre um.

In den *drei Unterrichtsmodellen*, die zeitlich eine und bis zu vier Doppelstunden umfassen, wurden unterschiedliche Zugänge zur Erschließung des Sinnpotenzials des Märchens gesucht.

So bildete z. B. der zeitgeschichtliche Kontext des Märchens (die Epoche der Romantik zwischen 1798 bis 1835) und die besondere Biografie des Autors den Einstieg in die Begegnung mit dem Märchen. Mithilfe von zeitgenössischen Darstellungen wurde das bürgerliche Familienleben veranschaulicht und die ungewöhnlich vielseitige Begabung des Autors den Kindern nahegebracht. Ausgiebige Reflexionen der Kinder zu Wohn- und Lebenssituationen und zum Kindheitsbild der im Märchen vorgestellten Zeit waren das Resultat. Durch den Vergleich unterschiedlicher Illustrationen von Buchausgaben der Vergangenheit und Gegenwart erlebten die Kinder Bildwelten, mit denen sie sich selbst produktiv auseinandersetzen konnten.

Im Vergleich der Bildstile, aber auch der von den Illustratoren ausgewählten Szenen, entdeckten die Kinder immer wieder Neues und für sie Aufregendes. Die Texterschließung wurde durch eine gekürzte Fassung des Märchens erleichtert, welche das Märchengeschehen in sieben Sequenzen gliederte. Die Kinder bekamen u.a. die Aufgabe, sich selbstständig einen Schluss des Märchens auszudenken, schrieben einen fiktiven Brief an Marie oder spielten bestimmte Szenen des Märchens als Rollenspiel, Schattenspiel oder Papiertheater nach. Die Freude an szenischen Umsetzungen verstärkte sich durch entsprechende Kostümierungen.

„Die kindlichen Zugänge zeigen nach unseren unterrichtspraktischen Erfahrungen eine überraschende Intensität und auch intellektuelle Dimension" (Richter/Jahn 2006, S. 57). Die Herausgeberinnen stellten fest, dass Kunstmärchen wie dieses leider noch viel zu wenig im Unterricht genutzt würden, obwohl sie der gegenwärtig von Kindern sehr geliebten phantastischen Literatur in nichts nachstehen – im Gegenteil.

Hans Christian Andersen und das Märchen seines Lebens

Das Arbeitszimmer von Hans Christian Andersen (1805–1875) ist manchmal leer gewesen, denn der Dichter flüchtete oft in ausgedehnte Reisen, wenn er mit sich und seiner Umwelt wieder nicht zurechtkam. Schon als Kind wurde er wegen seines sonderbaren Aussehens oft verspottet und wegen seiner Verträumtheit gehänselt. Für die ärmlichen Verhältnisse, in denen er aufgewachsen ist, hat er sich immer geschämt (Sahr 2000).

In seiner Selbstbiographie „Meines Lebens Märchen" von 1855, die auch als Kinderbuch illustriert von Sabine Friedrichson erschienen ist, liest sich das allerdings anders (Friedrichson/Andersen 2005). Dort beschreibt er sich als einen Dichter mit einer sorglosen, glücklichen Kindheit, dem sein großes Ziel, anerkannt und berühmt zu werden, gelungen ist. Mutig ist er in die fremde Welt hinausgezogen und hat schließlich bei der Königin am Tisch gesessen und Schokolade getrunken. Sein berühmtes Märchen vom hässlichen Entlein, das am Ende doch ein schöner Schwan ist, und nur versehentlich im Entenhof zur Welt kam, stilisiert dieses Selbstbild des Dichters.

Es ist unübersehbar, dass die Märchen für Andersen das Medium waren, in dem er sein eigenes Leben *schönschreiben* konnte. Seine Sehnsüchte und Wünsche legt Andersen seinen Märchenfiguren in den Mund. Dort fliegen sie mit dem Koffer über die Ländergrenzen, tanzen als liebliche Blumen nachts im Schloss des Königs, erlösen den von der Schneekönigin geraubten Bruder, machen sich auf die Suche nach einem besseren Leben – und scheitern doch ein übers andere Mal.

Sein besonderer, poetischer Schreibstil und sein Humor, die häufig direkte Ansprache an seine Leser und der kindliche Blick, den er auch als Erwachsener nie abgelegt hat (darin ähnelt er z. B. späteren Kinderbuchautoren wie Erich Kästner) lassen Andersen zu einem hochgeschätzten Dichter durch alle Zeiten werden.

Die Märchen von Hans Christian Andersen wollen wortwörtlich vorgelesen werden. Eben darin unterscheiden sie sich von den Volksmärchen. Den Volksmärchen, die die Brüder Grimm

„Es war mein Ziel, ein Dichter für sämtliche Lebensalter zu sein. Das Naive war nur ein Teil des Märchens, der Humor war das Salz darin, und meine geschriebene Sprache stützte sich auf die Umgangssprache."

(Andersen 2005, Brief 1875)

H. C. Andersen: „Die wilden Schwäne" (unten)
Gebrüder Grimm: „Die sieben Raben" (S. 37)
Beide Illustrationen von Nikolaus Heidelbach

gesammelt und aufgeschrieben haben, ist auch nach ihrer Bearbeitung die ursprünglich mündliche Form immer anzumerken. In Kunstmärchen ist jeder Satz und jede Wendung und jedes Wort wichtig und hat seinen einmaligen, unverrückbaren Platz im Textgebilde.

Andersen schreibt in der Tradition der deutschen und dänischen Volksmärchen, entwickelt aber einen eigenen Stil des Kunstmärchens. Bei einigen seiner Märchen kann man die Verwandtschaft zu den Grimmschen Märchen, was die Motive, das Handlungsgeschehen und die Personen betrifft, deutlich erkennen. Die Märchen aus der Sammlung Grimm „Die sechs Schwäne", „Die sieben Raben" und „Die zwölf Brüder" sind die geistigen Väter von Andersens Märchen „Die wilden Schwäne". Das Märchen vom „Daumesdick" ist offensichtlich die Vorlage gewesen für Andersens Märchen vom „Däumelinchen". Bei

Die wilden Schwäne (Andersen)

»Weit fort von hier, dort, wohin die Schwalben fliegen, wenn wir Winter haben, wohnte ein König, der hatte elf Söhne und eine Tochter, Elisa. Die elf Brüder, Prinzen waren sie, gingen mit dem Stern auf der Brust und dem Säbel an der Seite in die Schule: Sie schrieben auf Goldtafeln mit Diamantgriffeln und lernten ebenso gut auswendig, wie sie lasen; man konnte gleich hören, dass sie Prinzen waren. Die Schwester Elisa saß auf einem kleinen Schemel von Spiegelglas und hielt ein Bilderbuch in der Hand, das ein halbes Königreich gekostet hatte. Oh, die Kinder hatten es so gut; doch so sollte es nicht immer bleiben!
Ihr Vater, welcher König über das ganze Land war, heiratete eine böse Königin, die den armen Kindern gar nicht wohlgesinnt war; schon am ersten Tag konnten sie es deutlich merken. Im Schloss wurde ein großes Fest abgehalten, und da spielten die Kinder „Es kommt Besuch", aber statt dass sie wie sonst so viel Kuchen und gebratene Äpfel bekamen, wie sie essen konnten, gab die Königin ihnen nur Sand in einer Teetasse und sagte, sie könnten einfach so tun, als ob das etwas wäre.
In der Woche darauf gab sie die kleine Schwester Elisa hinaus aufs Land zu Bauersleuten, und es dauerte nicht lange, bis sie dem König so viel über die armen Prinzen eingeredet hatte, dass er sich gar nichts mehr aus ihnen machte.
„Fliegt hinaus in die Welt und sorgt für euch selbst!", sagte die böse Königin. „Fliegt als große Vögel ohne Stimme!" Aber sie konnte es doch nicht so schlimm machen, wie sie gern wollte; sie wurden elf schöne, wilde Schwäne. Mit einem seltsamen Schrei flogen sie zu den Schlossfenstern hinaus, über den Park und den Wald dahin«
(Andersen, 2004/2007 S. 130).

Die sieben Raben (Brüder Grimm)

»Ein Mann hatte sieben Söhne und immer noch kein Töchterchen, so sehr er sichs auch wünschte. Endlich gab ihm seine Frau wieder gute Hoffnung zu einem Kinde, und wie's zur Welt kam, war's ein Mädchen. Ob es gleich gar schön war, so war's doch auch schmächtig und klein und sollte wegen seiner Schwachheit die Nottaufe haben. Da schickte der Vater einen der Knaben eilends zur Quelle, Taufwasser zu holen; aber die anderen sechs liefen mit. Jeder wollte aber der erste beim Schöpfen sein, und darüber fiel ihnen der Krug in den Brunnen; da standen sie verlegen und wußten nicht, was sie tun sollten, und keiner getraute sich heim. Dem Vater ward unter der Weile angst, das Mädchen müßte ungetauft sterben, und wußte gar nicht, warum die Jungen so lange ausblieben: „Gewiß", sprach er, „haben sie's wieder über ein Spiel vergessen." Und als sie immer noch nicht kamen, fluchte er im Äger: „Ich wollte, daß die Jungen alle zu Raben würden."
Kaum war das Wort ausgeredet, so hörte er ein Geschwirr über seinem Haupt in der Luft, blickte auf und sah sieben kohlschwarze Raben auf und davonfliegen«

(Grimm 1995/2007, S. 55).

den Brüdern Grimm gibt es das Märchen „Das blaue Licht", bei Andersen heißt es „Das Feuerzeug". Und auch das traurige Märchen vom „Mädchen mit den Schwefelhölzchen", das in der Neujahrsnacht erfriert, hat Ähnlichkeiten mit dem Märchen „Sterntaler" der Brüder Grimm.

Vergleicht man aber die Märchenanfänge bei Grimm („Die sieben Raben") und bei Andersen („Die wilden Schwäne"), so ist nicht nur auffällig, wie verschieden beide Märchen das Handlungsgeschehen exponieren, sondern auch wie unterschiedlich der Erzählton ist.

Während im Grimmschen Märchen es so erscheint, als ob eine Begebenheit berichtet wird, die sich so zugetragen haben könnte, wählt Andersen die direkte Anrede zu seinen kindlichen Lesern, macht die Szenerie für Kinder unmittelbar erfahrbar und nutzt komische und poetische Metaphern.

Die Märchen von Hans Christian Andersen werden gern als „Wirklichkeitsmärchen" (Sahr 2000, S. 9) bezeichnet. Tatsächlich nehmen sie liebevoll die alltäglichen, kleinen Dinge in den Blick und holen sie in einen Raum, in dem das Wirkliche und das Wunderbare einander an der Hand halten. Da ist von stolzen Schwefelhölzchen die Rede, von Tellern und Töpfen, die ihr Leben erzählen und einem Spielzeugsoldaten, der sich unsterblich in die kleine Tänzerin verliebt. Der Tannenbaum reist in das Weihnachtszimmer und erstrahlt im goldenen Licht, um am Ende doch auf dem Dachboden zwischen Gerümpel zu landen. Dem Kaufmannssohn, der aus Freude über die baldige Hochzeit mit der Prinzessin ein riesiges Feuerwerk entzündet, verbrennt am Ende der Zauberkoffer und er muss auf der Erde zurückbleiben, während seine Braut vergeblich auf ihn wartete.

Stilisiertes Porträt zu Andersen von Nikolaus Heidelbach und Porträt Hans Christian Anderson von 1852

Werkauswahl der Märchen von H. C. Andersen

Das hässliche kleine Entlein
Die kleine Seejungfrau
Die Prinzessin auf der Erbse
Des Kaisers neue Kleider
Der fliegende Koffer
Die Nachtigall
Das Gänseblümchen
Der Schweinehirt
Die Galoschen des Glücks
Der Mistkäfer
Die Teekanne
Das kleine Mädchen mit den Schwefelhölzchen
Die Schneekönigin
Fliedermütterchen
Das Feuerzeug
Der kleine und der große Klaus
Däumelinchen

Kurz-Biografie H. C. Andersen

- 02.04.1805 in Kopenhagen als Sohn eines Schuhmachers geboren
- wuchs in ärmlichen Verhältnissen auf
- verließ mit 14 Jahren seine Heimatstadt
- königliches Stipendium ermöglichte Schulbildung und Studium
- erste Gedichte und Dramen, zunächst ohne Erfolg
- 1833 Reisestipendium
- ab 1835 Märchen für Kinder
- bis 1872 insgesamt 168 Märchen für Kinder
- ausgedehnte, häufige Reise durch ganz Europa
- Reiseerzählungen, Reisetagebücher
- 1847: stilisierte Selbstbiographie „Das Märchen meines Lebens“
- gestorben am 04.08.1875 in Kopenhagen

„Sie stand den ganzen Tag auf dem Dach und wartete; sie wartet noch immer! Er aber durchwandert die Welt und erzählt Märchen, doch sie sind nicht mehr so lustig wie das von den Schwefelhölzern" (Andersen 2004/2007, S. 155).

Andersen sagt von sich selbst, dass er ein phantasievolles, träumerisches Kind war, das alle Bücher in seiner Nähe verschlungen hat und gern alles Kleine, scheinbar Nebensächliche beobachtet hat. In seinen Märchen erfüllt er die kleinen Dinge mit großer Poesie, sie tragen ihm den zu schreibenden Text gleichsam zu.

Es ist unverständlich, warum die Märchen von Andersen heute selten Unterrichtslektüre werden. Angeblich sind sie (so die Aussage der Lehrer), zu lang, zu kompliziert und vor allem zu traurig (Sahr 2000, S. 11). Eine Ausnahme bilden hier wiederum zwei Unterrichtsmodelle zu den Märchen „Des Kaisers neue Kleider" und „Das Feuerzeug", die Susanne Heinke und Monika Plath vorgelegt haben (vgl. Heinke/Plath 2008).

Ganz anders verhalten sich Bilderbuchkünstler, denen gerade die Märchen von Andersen Stoff für ungewöhnliche Auseinandersetzungen mit Motiven, Figuren und Geschehnissen zu bieten scheinen. So erzählt Jörg Müller mit fotorealistischen Bildern das Märchen „Der standhafte Zinnsoldat" frei nach, indem er die Szenerie in eine moderne Großstadtwelt überträgt (Müller 1996). Der kleine Zinnsoldat stürzt in einem Zeitungspapierboot kopfüber in die dreckige Kanalisation, gerät zusammen mit der als Barbiepuppe auftretenden kleinen Tänzerin in den Bauch eines großen Fisches, der sie über den Ozean schwimmt. Auf der Müllhalde eines Überseehafens werden sie schließlich von spielenden Kindern gefunden und in ein selbstgebasteltes Spielzeugauto gesetzt. Dieses wiederum kauft ein Tourist und nimmt es mit heim nach Europa, wo es in der Glasvitrine eines Museums landet. Dem großformatigen Bilderbuch, in dem nur die Bilder erzählen, liegt der Märchentext Andersens im Original bei. Es bleibt den Lesern überlassen, den alten Text in der neuen Kulisse zu verstehen und Analogien zu suchen. Diese Übertragung alter Märchenstoffe in neue, gegenwärtige Räume ist häufig in Bilderbüchern mit postmodernen Erzählstrukturen zu finden.

Auch Werner Heiduczeks schönes Bilderbuchmärchen „Der kleine hässliche Vogel" (Heiduczek 2006), das sich stark an „Das hässliche Entlein" von Andersen anlehnt, darf nicht unerwähnt bleiben. Die Poesie dieses Märchens atmet auch etwas von der Dichtkunst, die in den Kunstmärchen von Theodor Storm zu finden sind.

Die Märchenalmanache von Wilhelm Hauff

Wie Andersen hat auch Wilhelm Hauff (1802–1827) gern Reiseliteratur geschrieben, ausge-

H.C. Andersens Poesie der kleinen Dinge

„Das Glück kann in einem Stück Holz liegen. Ich habe eine Menge Stoff für Märchen. Mir ist oft, als sagte jedes Rankenwerk, jede Blume: Schau mich ein wenig an, und meine Geschichte wird dir aufgehen!, und will ich es, so habe ich die Geschichte. Und gehe ich in den Garten zwischen den Rosen – ja, was haben nicht sie und die Schnecken mir schon erzählt! Sehe ich das breite Wasserrosenblatt, dann hat Däumelinchen schon seine Reise darauf beendet. Lausche ich dem Wind – er hat von Waldemar Daae erzählt und weiß nichts Besseres. Im Walde unter den alten Eichen muß ich mich erinnern, dass mir die alte Eiche ihren letzten Traum schon vor langer Zeit zugeflüstert hat"

(Friedrichson/Andersen 2005, S. 40).

Kinder einer Grundschulklasse haben zum Märchen vom „Kalif Storch“ gemalt und es zu einem Buch gebunden

dehnte Reisen u.a. nach Paris unternommen, Theologie studiert und ist als Hauslehrer tätig gewesen. Seine Märchen, mit denen er rasch berühmt wurde, atmen den Duft arabischer Märkte und endloser Karawanen durch die Wüste. Der junge Dichter, dessen Erzählungen dem Geschmack des literarisch ambitionierten Publikums huldigten, hat nur wenige Jahre gehabt, in denen er sein schriftstellerisches Werk hervorbringen konnte. Er starb mit nur 25 Jahren. Seine wohl berühmtesten Märchen „Der kleine Muck“, „Kalif Storch“ und „Das kalte Herz“ sind viele Male verfilmt, auf die Bühne gebracht und in immer neuen Ausgaben illustriert und gestaltet worden.

Zwischen 1826 und 1828 erschienen drei „Märchenalmanache“. Hans Heino Ewers würdigt Wilhelm Hauff so: „Der junge Autor, überaus belesen und literarisch versiert, kennt und beherrscht die gängigen Erzählweisen, die ihm seine Gegenwart bietet. Den moralischen, den humoristisch-witzigen, den schaurig-phantastischen bzw. tieck-hoffmannschen, aber auch den fromm-romantischen Ton weiß er in seiner Märchensammlung anzuschlagen. Keiner der traditionellen Schauplätze bleibt ausgespart, nicht der morgenländische noch der des Feenmärchens, der schauerliterarische, der (see-)abenteuerliche, der sozialkritische oder der romantisch-heimatliche in Gestalt des Spessarts oder des Schwarzwaldes“ (Ewers 1990, S. 132 ff.)

Seinem ersten Märchenalmanach stellt Wilhelm Hauff eine kleine Erzählung voran, in der von einem schönen, fernen Reiche berichtet wird, in dem die Königin Phantasie herrschte. Ihre älteste Tochter ist das Märchen und ihre Söhne sind die Träume. Eines Tages kommt das Märchen ganz verstört zu ihrer Mutter und klagt, dass die Menschen es nicht mehr lieben würden. Die Mutter tröstet sie, kleidet sie sorgfältig neu ein und schickt sie auf die Erde mit dem Rat: „Wende dich an die Kleinen, wahrlich, sie sind meine Lieblinge" (Hauff 1972, S. 5). Das Märchen versucht es noch einmal, bittet die Wächter um Einlass, um zu den Kindern zu gelangen und versucht es damit: „Märchen streckte die Hand aus und beschrieb mit dem Zeigefinger viele Zeichen in die Luft. Da sah man bunte Gestalten vorüberziehen: Karawanen mit schönen Rossen, geschmückte Reiter, viele Zelte im Sand in der Wüste; Vögel und Schiffe auf stürmischen Meeren; stille Wälder und volkreiche Plätze und Straßen; Schlachten und friedliche Nomaden. Sie alle schwebten in belebten Bildern, in buntem Gewimmel vorüber" (ebd. S. 10). Und während Märchen noch bilderreich erzählt, schlafen die strengen Wächter ein und sie kann lächelnd über die Füße der Wächter hinübersteigen und zu den Kindern eilen. Das Motiv ist altbekannt. Schon Scheherezade in den „Märchen aus 1000 und einer Nacht" überlistet den König, der ihr wie ihren Vorgängerinnen den Kopf abschlagen will und rettet ihr Leben, indem sie Nacht um Nacht erzählt, bis der Morgen anbricht und die Gefahr abgewendet ist. Der alte Märchenton ergreift nicht nur die Kinder, er kann strenge Sittenwächter und sogar Könige versöhnlich stimmen.

Die Märchennovellen von Theodor Storm

Unter den Märchennovellen der Romantik nehmen diejenigen von Theodor Storm (1817–1888) einen besonderen Platz ein (Ewers 2010, S. 138 ff.). Man wird den Dichter sicher nicht zuerst einen Kinderbuchautor nennen, dafür sind Novellen wie „Der Schimmelreiter" oder „Pole Poppenspäler" zu präsent. Aber wer einmal das wundersame Nachtmärchen vom Häwelmann gelesen hat, der schüttelt staunend den Kopf über diesen kleinen, unvernünftigen Jungen, der immer weiter und immer mehr in den Himmel fahren will und schließlich sogar dem guten, alten Mond über die Nase fährt. Erst die aufgehende Sonne macht dem frechen Treiben ein Ende. Frau Sonne wirft den Kleinen kurzerhand ins Meer. „Und dann? Ja, und dann? Weißt du nicht mehr? Wenn ich und du nicht gekommen wären und den kleinen Häwelmann in unser Boot genommen hätten, so hätte er doch leicht ertrinken können!" endet das Märchen „Der kleine Häwelmann" (Storm 2007, S. 30.) Storm hat es für seinen eigenen Sohn geschrieben. Henriette Sauvant hat ihm in ihrem Bilderbuch schöne, expressiv farbige Bilder geschenkt. Der Vergleich dieser Illustrationen z. B. mit der Ausgabe, die Jahre vorher Hans Ticha illustrierte, zeigt, wie unterschiedliche Bildstile den gleichen Text ganz anders erlebbar machen.

Im Unterschied zu anderen Kunstmärchen der Romantik und des Biedermeier ist dieses Märchen erstaunlich kurz. Umfangreicher dagegen ist ein anderes, sehr schönes Märchen von Theodor Storm. Das Märchen „Die Regentrude" entstand 1863/64. Es erzählt eine Liebesgeschichte zwischen der Tochter eines reichen Bauern und dem Sohn einer armen Bäuerin, die erst zueinander kommen, als es ihnen gelungen ist, die Regentrude zu wecken. Eindringlich sind die Szenen des Märchens, als die Notlage im Dorf erzählt wird, die nach der lang anhaltenden Dürre das Vieh auf der Weide verschmachten und das Korn verdorren ließ, und auch jene Szenen, in denen der spindeldürre Feuermann mit seinem Kürbiskopf auf dem Feldrain tanzt und unfreiwillig den Zauberspruch verrät:

„Dunst ist die Welle
Staub ist die Quelle!
Stumm sind die Wälder
Feuermann tanzt über die Felder!

Nimm dich in Acht!
Eh du erwacht.
Holt dich die Mutter
Heim in die Nacht"
(aus: Storm 1965, S. 97/98)

In der hohlen Weide am Rande des Dorfes ist eine Treppe verborgen, die hinunter führt zum Reich, wo Trude eingeschlafen ist. Als es gelingt, sie aufzuwecken und der Schlüssel im Brunnen wieder umgedreht ist, rauschten die Wasser auch wieder. Der Bach schwillt zum Fluss, die Pflanzen und Wiesen begrünen sich wieder, der Regen rauscht auf die Erde. Auch diese Szene, die ein so anschauliches Bild vom endlich einsetzenden Regen nach einem langen, heißen Sommertag bietet, ist hohe Erzählkunst Storms. Es ist ein Sommermärchen, dessen zeitlose Poesie Kindern helfen kann, ihre Wahrnehmung zu schulen und ihre Vorstellungskräfte zu sensibilisieren.

Bei der Lektüre des schaurigen Märchens „Bulemanns Haus" (ebd. S. 133 ff.) dagegen kommt man nicht umhin, sich ein wenig zu fürchten und den Blick zögernd über die Giebel und Hauswände des vorgestellten Hauses gleiten zu lassen. Wer wohnt hinter jener Tür? Was sind das für Geräusche im Treppenhaus? Das Märchen spielt mit dem Grauen und auch der Angst, und es klärt sich, ist es zu Ende, nicht vollständig auf. Schrecken und Freude, Angst und Erleichterung, Hoffen und Bangen begleiten die Lektüre vieler Kunstmärchen.

„Der kleine Häwelmann" links von Hans Ticha, rechts von Henriette Sauvant illustriert

Märchendichter der Gegenwart: Peter Hacks, Franz Fühmann und Paul Maar

Es scheint, als ob sich die Märchendichter in ihren Arbeitszimmern manchmal besucht haben und der eine dem anderen beim Schreiben über die Schulter geschaut hat. Bei genauerem Hinsehen entdeckt man viele Bezüge innerhalb der Kunstmärchendichtung. Wer einmal die skurrilen Märchen des Dramatikers **Peter Hacks** (1928–2003) gelesen hat, kann feststellen, dass auch er – ohnehin ein Spezialist für Anleihen und Adaptionen im antiken und klassischen Arsenal der Dichtkunst – die Novellen Theodor Storms gut gekannt haben muss. „Leberecht am schiefen Fenster" (Hacks 1986b) heißt eine phantastische Erzählung von Hacks. Leberecht heißt auch eine Figur in einem Roman des Märchendichters Ludwig Tieck (Thalmann 1963), den Peter Hacks sehr geschätzt hat, und so heißt auch der Organist in „Bulemanns Haus" (Hacks 1986b), das schaurig schöne Gruselmärchen von Theodor Storm. In beiden Märchen gibt es Katzen. In „Bulemanns Haus" werden sie zu Raubkatzen, die ihren Herrn so bedrängen, dass er nicht mehr aus seinem Zimmer entkommen kann und zu einem kleinen Männlein vertrocknet, das nachts im Haus herumgeistert. Bei Peter Hacks rückt der Kater die Uhr nicht mehr heraus, die er behauptet geerbt zu haben. In „Ein Märchen für Claudias Puppe" (Hacks 1986 a) erzählen ein fiktiver Dichter und das Mädchen Claudia ein Märchen für die Puppe – der eine versucht es möglichst rational, die andere mit magischen Zutaten und im klassischen Märchenton.

Im Arbeitszimmer von **Franz Fühmann** (1922–1984) würden bestimmt sehr viele Bücherstapel zu finden sein, an der Wand wären Poster mit unzähligen Notizzetteln, Bildern und Zeitungsausschnitten. Fühmann war ein geduldiger, immens fleißiger und belesener Dichter, der sich mit seinem Schreiben – und seinem Leben – sehr gequält hat. In Rochlitz im Riesengebirge geboren, wo die Sagen von Rübezahl und die Märchen zuhause sind und seine Kindheitslektüre wurden, lebte er nach dem Krieg in Ostberlin. Er war nicht in erster Linie ein Dichter für Kinder. Man kennt ihn als einen Erzähler, Nachdichter und Essayisten. Seine Novellen, sein großartiges Essay über den Dichter Georg Trakl (Fühmann1982) und seine Beiträge zu E. T. A. Hoffmann (1979), sein Bericht über das Leben mit geistig Behinderten (1985), seine Auseinandersetzung mit den Unterschieden zwischen Märchen und Mythen waren und sind das Beste, was zu diesen Themen zu finden ist.

Begonnen hatte Franz Fühmann sein Schreiben für Kinder bereits in den fünfziger Jahren mit zwei Bilderbuchmärchen. „Vom Moritz, der kein Schmutzkind sein wollte" (1959) heißt sein erster kinderliterarischer Versuch, ein Kunstmärchen, das sich im Titel an ein Märchen Ludwig Bechsteins „Vom Büblein, das sich nicht waschen wollte" anlehnt; „Die Suche nach dem wunderbunten Vögelchen" (1960) sein zweiter. Beide Texte sind – vergleicht man sie mit späteren Werken Fühmanns – noch recht simpel und überdidaktisiert. Anders verhält es sich mit dem später erscheinenden Tier-ABC „Von A bis Z. Ein Affenspaß für Alfons" (1962 und 1992) und insbesondere mit dem Sprachspielbuch „Die dampfenden Hälse der Pferde im Turm zu Babel" (1978), das inzwischen mehrfach wieder aufgelegt wurde und zu großem sprachspielerischem Vergnügen einlädt. Sehr spät erschienen seine „Märchen auf Bestellung" (1990) als Lektüre für Kinder.

Sehr viel früher bearbeitete Fühmann die Märchendramen von Shakespeare. Das „Wintermärchen" ist zusammen mit dem „Sommernachtstraum" (s. S. 44) und zwei weiteren Shakespeare-Märchen, nämlich „Perikles" und „Der Sturm", zum ersten Mal 1968 erschienen. 2007 wurde der „Sommernachtstraum" und 2009 „Das Wintermärchen. Ein Märchen nach Shakespeare", beide von Jacky Gleich illustriert, in einer Neuausgabe veröffentlicht.

Seine Nachdichtungen für Kinder sind herausragende Leistungen in diesem Genre der Kinderliteratur. Mit seiner poetischen, klaren und anschaulichen Erzählweise gelingt es ihm, die Aufmerksamkeit der Kinder auf jene alten, scheinbar versunkene Geschichten zu lenken. Im „Wintermärchen" geht es um den Starrsinn eines Königs, der in seinem Eifersuchtswahn Frau und Kinder verstößt und jahrzehntelang nicht einzusehen vermag, dass er denen, die ihn liebten, großes Unrecht angetan hat. Den besten Freund, König im Nordland, hat er davongejagt, seine Frau, die schöne Königin Hermione unschuldig in den Kerker geworfen, das neugeborene Töchterchen in der Wildnis ausgesetzt, dem Tod des Erstgeborenen zugesehen und alle Ratschläge missachtet. Zu später Reue gekommen, gelingt es gerade noch rechtzeitig, die Tochter wiederzuerlangen, die Königin zu neuem Leben zu erwecken und sich mit den vermeintlichen Feinden zu versöhnen. Das gute Ende der Märchen ist auch hier wirksam, alle können aufatmen und sich wieder freuen.

Fühmanns bearbeitete Märchendramen von Shakespeare

Die Bilderbuchausgabe vermag durch die expressiven Illustrationen Gleichs die Betrachter in den Bann zu ziehen. Man vergisst den Erzählton Fühmanns gewiss nicht so rasch, aber durch Jacky Gleichs Bilder ist noch einmal etwas Neues hinzugekommen, das sich dem Leser einprägt. Die „Märchen auf Bestellung" (Fühmann 1990) schrieb Fühmann schon in den siebziger Jahren, aber erst sehr viel später erschienen sie auch für Kinder, für die sie eigentlich gedacht waren. Sie eignen sich für die Lektüre in Grundschulklassen, aber auch schon zum Vorlesen für jüngere Kinder.

Franz Fühmann hat diese Märchen tatsächlich auf Bestellung geschrieben. Sie sind seiner Enkelin Marsha gewidmet, die sich eine feuerspeiende Fee gewünscht hatte. Er schrieb sie für eine junge Frau, die in einer psychiatrischen Klinik behandelt wurde und er widmete ein Märchen den Schulkindern aus Mössingen, deren Treppenhaus eine Keramikwand von Hap Grieshaber schmückte (vgl. Fühmann1990, S. 5).

Im Mittelpunkt steht jeweils eine klassische weibliche Märchenfigur: eine Fee, eine Zauberin und eine Hexe. Darin besteht eine Gemeinsamkeit zwischen den Volks- und Kunstmärchen. Auch im Kunstmärchen begegnen wir den klassischen Märchenfiguren wie dem König und der Königin, Prinzen und Prinzessinnen, Hexen, Feen, Ungeheuern, Zwergen und Riesen. Aber im Kunstmärchen erfahren wir viel mehr über das

Warum Franz Fühmann für Kinder schreibt

„Die Kinder sind das dankbarste, das intelligenteste, das kritischste, das verständigste, das aufgeschlossenste, das sachkundigste, kurzum, das ideale Publikum.
Also für Kinder zu schreiben, und auch vor Kindern zu lesen – ich sagte Ihnen am Anfang, dass ich schwer und mühsam schreibe, und das Schreiben ist über weite Strecken für mich wirklich eine grässliche Plage – aber für Kinder schreiben, das ist einfach eine Freude und eine Wohltat. Ich mach's also nicht zuletzt aus dem ganz egoistischen Grunde, weil ich mich dabei erhole, weil es mir unheimlichen Spaß macht" (zit. in Heinze 1998, S. 290).

„ANNA, genannt Humpelhexe" erschienen im Hinstorff Verlag

Innenleben der Figuren, sie bekommen eine Psyche, eine Biografie, einen Namen. Sie sind nicht mehr nur Typen, die auswechselbar erscheinen wie Spielsteine in einem Spiel. Sie erhalten eine ganz eigene Identität. Das hat natürlich damit zu tun, dass sie von einem bestimmten Dichter erschaffen worden sind, der sie nach seinem Bild und seinen Vorstellungen geformt hat.

Die kleine Humpelhexe in seinem Märchen hat Franz Fühmann in einer Zeit geschaffen, als für ihn Märchen nicht mehr als „Deutungsmuster sozialer Wirklichkeiten" (ebd. S. 68) eine Rolle spielten, wie es noch in seinen frühen Kunstmärchen der Fall war. Die späten Märchen Fühmanns gleichen seinen Traumtexten und sind Versuche, „Logos und Mythos [...] im Sinne der Welterkenntnis" (ebd.) fruchtbar zu machen.

Die Fee Anna Susanna Lachdochmal lebt in einem „Wald, in dem es niemals schneite. Dieser Wald lag nicht im glühenden Afrika und auch nicht im heißen Indien, er lag gar nicht weit weg von der Stadt Berlin, hinter dem dreiundzwanzigsten Hügel zwischen Sachsen und Mecklenburg" (Fühmann 2003, S. 6). In diesem Wald, so will es Anna Susanna, soll es das ganze Jahr über warm und grün sein. Dafür bestraft sie der Winterkönig eines Tages mit Eishagel und Schneekälte. Mutig macht sich die Fee auf den Weg zum feuerspeienden Drachen, um den erfrorenen Wald wieder aufzutauen. Aber erst die sieben Drachenkinder können die frierenden Tiere und Anna Susanna erlösen. Fortan geht es in Anna Susannas Reich etwas dialektischer zu: Die Jahreszeiten wechseln sich ab und Wärme und Kälte geraten wieder in einen natürlichen Kreislauf.

Doris Zauberbein lebt „im märkischen Sand, dort, wo die Spree fließt" (Fühmann 2004, S. 5) und möchte zaubern können, um wie die Störche in die Welt hinauszufliegen, mindestens bis Afrika. Lange Zeit lang übt sie, auf einem Bein zu stehen, damit ihr Zauberkräfte zufließen. Als es endlich gelingt und sie auf dem richtigen Bein ausharrt und auch die richtigen Zehen richtigherum dreht, kann sie auch zaubern, dass die Menschen freundlicher werden und die Kinder und Schwachen beschützt sind. Die Frage aber, ob Doris mit den Störchen das Land verlässt, die Frage also von Weggehen oder Bleiben, versteht man besser, wenn man weiß, dass Franz Fühmann das Märchen in der Nacht vor seinem 60. Geburtstag, am 15. Januar 1982 geschrieben hat, zu einer Zeit, als die Menschen in der DDR in einer Diktatur lebten, die keine Reisefreiheit erlaubte (Fühmann 1990, S. 66 ff.).

„Sieben Hasensprünge hinter dem Ende der Welt, in einem Wald, wo die Kiefern weiße Blätter und die Birken schwarze Nadeln tragen, liegt

Hexer Temanitau

Die Wolfshexe

che, auf der sie sichtbar werden können: im Bild und im Wort.

Auch in **Paul Maar**s (geb. 1937) Kinderbüchern spuken viele märchenhafte und phantastische Gestalten herum. Der Autor, sehr bekannt durch seinen Kinderbuchklassiker „Geschichten vom Sams", Schöpfer des wundersamen Erzählverführers „Der tätowierte Hund" und vieler sprachspielerisch akzentuierten Gedichte parodiert in seinem Buch „In einem tiefen dunklen Wald" (Maar 1999) alles, was märchenkundige Leser zu kennen glauben. Höchst raffiniert spielt er mit klassischen Rollenbildern und Baumustern der alten Volksmärchen. Da gibt es die klassische Suche nach dem potentiellen königlichen Schwiegersohn, die gefährliche Entführung der Prinzessin, den erlösenden Kuss, die Goldgeschenke und das Auftauchen eines Küchenjungen. Aber die Befreiung der schönen und hochmütigen Heldin des Buches, der Prinzessin Henriette-Rosalinde-Audora, gelingt erst durch die in Männerkleidern agierende Königstochter Simplinella. Sie erlöst auch das Untier mit einem Kuss, heiratet es aber nicht sofort sondern zögert die Verbindung hinaus, bis Prinz Edmund von Großburgen sich ihrer Liebe auch wirklich würdig erweist. Bereits auf den ersten Seiten des Buches werden die Leser angeregt, sich an die Stereotype der alten Volksmärchen zu erinnern, Paul Maar bricht sie auf höchst vergnügliche Weise mit Ironie und Witz.

Über die Kunstmärchen könnte man bei Weitem noch mehr erzählen. Wir hätten bei dem russischen Dichter Samuel Marschak (1887–1964) und seinem „Katzenhaus" oder dem „Tierhäuschen" (Marschak 1957 und 1967) hineinschau-

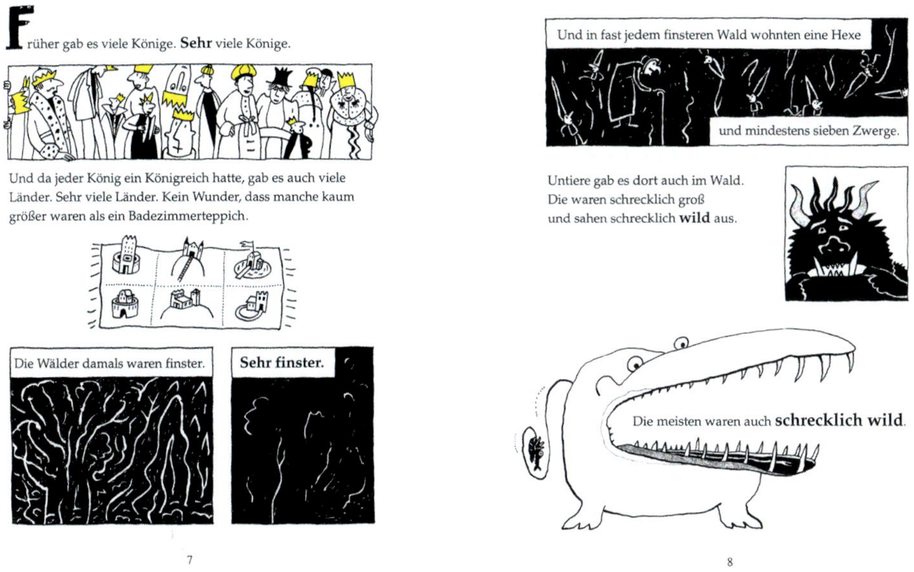

„In einem tiefen, dunklen Wald“ von Paul Maar

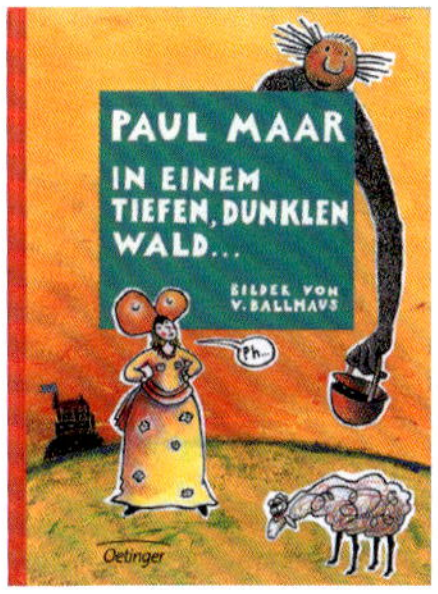

en oder bei Jewgeni Schwarz (1896–1958) anklopfen können, um über das Märchen „ Der zerstreute Zauberer“ (Schwarz 1987) oder dem „Märchen von der verlorenen Zeit“ (Schwarz 1977) zu sprechen oder bei Oskar Wilde (1854–1900), um sein Märchen „ Der glückliche Prinz (Wilde 1998) kennenzulernen. Auch Kinderbuchautoren wie Astrid Lindgren, Michael Ende, Ottfried Preußler, Rafik Schami und viele andere haben Märchen geschrieben, die es sich lohnen würde, zu entdecken.

Es muss hier genügen, noch einmal zu betonen, dass der wohl wichtigste Unterschied zwischen den Volksmärchen und den Kunstmärchen darin besteht, dass erstere namenlos bleiben, während letztere autorisiert sind und damit eng verbunden mit dem Leben und Werk eines bestimmten Autors und dem Kontext der Zeit, in der sie entstanden sind.

Zum Downloaden und Ausprobieren

- Die Reise im Himmelbett
- Es war einmal … Märchenanfänge
- Nachtmärchen mit Katzen
- Sockenmärchen

KAPITEL 3
Der Märchenstreit

Spätestens seitdem die Märchen in Buchform vorliegen und Kindern in der Familie, aber auch in der Schule, nahe gebracht werden, diskutiert man über den Sinn und Nutzen der Märchen. Die Debatte wird über Jahrhunderte hinweg hauptsächlich von Pädagogen, aber auch von Psychologen und all jenen, die mit der Vermittlung von Märchen befasst sind, mal laut und heftig, mal verhaltener geführt. Vermutlich wird sie auch so schnell nicht beendet sein. Worum geht es dabei genau?

Walter Benjamins berühmte Sätze sollen den Ausgangspunkt bilden: „Das Märchen, das noch heute der erste Ratgeber der Kinder ist, weil es einst der erste der Menschheit gewesen ist, lebt insgeheim in der Erzählung fort. Der erste wahre Erzähler ist und bleibt der von Märchen. Wo guter Rat teuer war, wußte das Märchen ihn, und wo die Not am höchsten war, da war seine Hilfe am nächsten" (Benjamin 1977, S. 403).

Literatur als Ratgeber des Menschen – und hier durch die älteste literarische Kunstform, die alle anderen späteren literarischen Formen hervorgebracht und nachhaltig geprägt hat, das Märchen – wie kann das gemeint sein?

Märchen erleben

Ein drei- oder vierjähriges Kind, dem zum ersten Mal Märchen erzählt werden, ist nicht nur am Inhalt des Erzählten interessiert, sondern zunächst daran, die ungeteilte Zuwendung und Aufmerksamkeit des Erzählenden zu erhalten. Das Kind genießt die besondere Situation und fordert die damit verbundenen Rituale immer wieder ein: Es will auf den Schoß genommen werden, die körperliche Nähe spüren, will den Erzählenden ungestört beobachten können, der Erzählstimme lauschen, die anders ist als im alltäglichen Dialog, die Mimik und Gestik bestaunen u. v. a. m.

Erzählzeit ist gemeinsame Zeit für Kinder und Erwachsene. Sie schenkt dem Kind Urvertrauen in menschliche Gemeinschaft und weckt positive Gefühle. Deshalb spricht man auch von einer gelingenden Sozialisation des Kindes, wenn es solche frühen Erfahrungen des Erzählens und Vorlesens in der Familie und in Kindergemeinschaften, wie im Kindergarten, für das Kind gegeben hat. Der Zugang zur elementaren Schriftkultur wird durch diese Erlebnisse nachhaltig gestärkt. Das betrifft nicht nur die Textgattung Märchen, sondern generell das Erzählen und Vorlesen in der frühen Kindheit, und bezieht sich genauso auf das Vorlesen von Bilderbüchern oder anderen Geschichten. Dennoch kann man sagen, dass etwa ab dem Alter von vier Jahren und dann über längere Zeit hinweg das Märchen eine besondere Rolle unter den Erzähltexten einzunehmen beginnt.

Märchenmuster

Wie alle literarischen Formen ist auch das Märchen ein Medium der Geselligkeit und Unterhaltung. Wer ein Märchen hört, kann sich darauf verlassen, dass sein Unterhaltungsbedürfnis nicht enttäuscht wird. Das Kind kann mit den Helden, die mutig in Abenteuer aufbrechen und gefährliche Situationen erleben, mitfiebern und mitleiden. Obwohl der Handlungsverlauf aller Märchen relativ simpel ist und immer wieder das gleiche Schema bedient (Ausgangssituation – Notlage – Aufbruch des Helden – Lösung des Konflikts – glückliches Ende), verfolgt das Kind gespannt die einzelnen Stationen und wartet darauf, was noch passiert.

Das Märchen enttäuscht das Kind nicht, es endet glücklich. Das Urbedürfnis des Kindes nach Unterhaltung ist gestillt und das gute Ende löst die Anspannung. Auch diese Funktion teilt das Märchen mit anderen literarischen Textformen. Eine gute Geschichte kann den Unterhaltungsbedarf der Kinder ebenfalls stillen und sein gutes Ende kann die kindlichen Zuhörer beruhigen. Worin sich aber das Märchen von allen anderen Textformen unterscheidet, ist seine naive Moral und seine grundsätzliche Lehrhaftigkeit. Beides erklärt und behauptet es nicht, sondern bietet es in seinen Bildern und Handlungsgeschehen und seiner, wie Gerhard Haas es nennt, „figurativen Logik". „Kinder wollen Geschichten – nicht Erklärungen, wollen Figuren – nicht Deutungen, wollen Geschehnisse – nicht Interpretationen! Es ließe sich auch sagen: Sie brauchen solche Erklärungen, Deutungen und Interpretationen (noch) nicht; sie entschlüsseln noch leicht die alte Sprache der Bilder" (Haas 1997, S. 50f).

Die handelnden Figuren im Märchen sind entweder gut oder böse, ein Dazwischen gibt es nicht. Die Königstochter ist gut, die Hexe ist böse. Beide durchlaufen keine Wandlung und ändern sich also nicht. Beide werden in Geschehnisse verwickelt und reagieren entsprechend, aber als Typen bleiben sie konstant. Daher ist es sinnvoll, nicht von Charakteren zu sprechen, sondern von Typen.

Weil die Figuren der Märchen typisiert sind, fällt es Kindern leicht, sie zu erkennen und in das Geschehen einzuordnen. Taucht ein König auf, ist er der Herrscher und Bestimmer, gibt es eine Königstochter, ist sie jung, droht ihr möglicherweise bald ein Unglück, aus dem jemand sie retten muss, damit sie später ihren Retter – den ebenfalls jungen Königssohn – heiraten kann. Begegnet man einer Hexe, droht Unheil und Gefahr, man muss sich also vorsehen. Diese einfache und schematische Ausstattung des Figurenensembles erleichtert es den Kindern, die Handlung zu überblicken und zu ordnen. Noch gibt es keine Zwischentöne, kein „Wenn und Aber". Die innere Logik, von der Haas als Logik der Figuren spricht, geht mühelos auf. Die handelnden Figuren erscheinen wie Spielsteine auf einem Spielbrett. Und auch das Konfliktschema der Märchen folgt klaren Baumustern. Der russische Ethnologe Wladimir J. Propp hat in seiner Analyse der Struktur der europäischen Volksmärchen, die er in seiner „Morphologie des Märchens" beschreibt, eine Liste stabiler Elemente (Funktionen) gesammelt, deren Abfolge immer gleich ist. Es sind 31 Funktionen, die in dieser Abfolge in allen europäischen (auch den russischen und den italienischen) Märchen immer wieder verlässlich auftauchen (Rodari 1992, S. 70f.). Wer sie kennt, kann mit ihrer Hilfe eigene Märchen konstruieren, es sind Bausteine in klar gefügten Textgebilden.

Diese Klarheit und interne Funktionalität lassen Märchen zu hervorragenden geistigen Spielzeugen der Kinder werden. Was erzählt wird, ist leicht zuzuorden und gut zu merken. Mit großer Verlässlichkeit kehren bestimmte Formeln, Figuren, Handlungsschemata und auch Motive wieder. Aber werden sie von Kindern verstanden?

Bilder und Symbole im Märchen

In der Psyche jedes Menschen entstehen im Unterbewusstsein bildhafte Vorstellungen, innere Bilder. Die Bildsprache der Märchen ähnelt der Bildsprache der Träume. Der Psychoanalytiker C. W. Jung (Jung 1996) spricht von den Märchen als kollektiven Träumen der Menschheit. In den Bildwelten der Märchen und ihrer besonderen Symbolik scheint ausgedrückt, was wir fühlen und ahnen. Der Wald z. B. ist der dunkle Ort der Gefahren und Schrecken. Hier verliert das Königskind beim unachtsamen Spielen die goldene Kugel im Brunnen. Hier verirren sich Hänsel und Gretel und Allerleirauh muss im hohlen Baum Zuflucht vor den Jägern und wilden Hunden suchen.

Märchenerleben braucht Gefühl und Verstand, Realitätssinn und Phantasie gleichermaßen. Erst in der Fähigkeit, beides zu verknüpfen und gleichermaßen zu gebrauchen, erschließt sich das Märchen ganz. In den Bildwelten und der Symbolik der Märchen stehen Bewusstes und Unbewusstes auf einer Stufe, gleichberechtigt nebeneinander. Die Eindimensionalität, von der im Kapitel über die Volksmärchen unter Verweis auf Max Lüthis Märchenmerkmale schon gesprochen wurde, ist auch hier dominant.

Kinder im Grundschulalter zeichnet noch jenes animistische Weltbild aus, das auch in den Bildern des Märchens zu finden ist. Dort können die Tiere sprechen, dort kann man die geheime Treppe im Inneren des Baumes hinuntergehen, dort verliebt sich der Zinnsoldat und die Prinzessin wacht nach hundert Jahren doch wieder auf. Das Wunder, dem die Kinder staunend und erfreut begegnen, hat seinen Platz in ihrem eigenen Denken und Fühlen. Es hilft ihnen, positiv zu denken, es stärkt sie, gibt ihnen Zuversicht und Hoffnung auf den Weg. „Kinder brauchen Märchen" sagt zu Recht Bruno Bettelheim (Bettelheim 1980) in seiner gleichnamigen Schrift. Auf seine Studien beziehen sich im späten 20. Jahrhundert fast alle pädagogischen und psychologischen Überlegungen. Bettelheim betont, dass in den Märchen existenzielle menschliche Konflikte gezeigt, aber weniger erklärt als vielmehr in Bildern und Symbolen dargestellt werden, denn die Märchen sind in erster Linie eine Kunstform, und genau darin besteht ihre Wirkungsmacht für die Kinder.

Felicitas Betz betont: „Die Märchen [...] verwenden eine Bildsprache, welche die Bilder in der kindlichen Seele weckt und belebt. [...] Die bildhafte Sprache der Märchen trifft bei den Kindern – besonders deutlich etwa zwischen dem vierten und siebenten Lebensjahr – auf eine phasenspezifische Sensibilität. [...] Um diese Zeit aktivieren die Kinder eine Bewusstseinsschicht, in der bildhaft erlebt und gedacht wird. Sie begreifen in dieser Phase über Symbole und Bilder die ganze Welt und ihre hintergründigen Zusammenhänge" (Betz 2001, S. 8).

Sie verdeutlicht das an einem Beispiel, das sie in ihrer eigenen Familie erlebt hat. Bei einem Gespräch über Geburtstage äußerte der sechsjährige Sohn: „Einmal wollten der Vater und die Mutter einen Pfirsich essen und wie sie ihn aufmachen und teilen, da kam ich herausgekrabbelt" (ebd.). Der Junge konnte mit diesem Bild des reifen, saftigen Pfirsichs, das er in einem japanischen Bilderbuch kennengelernt und das ihn offenbar stark beeindruckt hatte, viel besser umgehen als mit der von der Mutter genutzten aufklärerischen, rationalen Begriffssprache zum Thema, woher wohl die Babys kämen. Sie schlussfolgert, dass für Kinder diesen Alters die bildliche Ausdrucksweise viel befriedigender sei als die sachliche, nur begrifflich vermittelte (vgl. ebd. S. 9).

Daher sind kleine Kinder, deren Weltbild noch vom magischen Denken geprägt ist, die Natur und Gegenstände vermenschlichen und beseelen, die eine viel stärkere emotionale Beziehung zu ihrer Umwelt eingehen und deren Denken zweckgerichtet und Ich-bezogen erscheint, von vornherein Verbündete des Märchens. In den Bildern des Märchens erkennen und verstehen sie, was ihnen sonst fremd erscheinen muss. Das Märchen bietet ihnen leicht verständlich und bilderreich Fallgeschichten des Lebens an, über die sie ihre Fragen an die Welt und das eigene Ich abarbeiten und Ängste verarbeiten können.

Märchen als Ratgeber und heimliche Erzieher

Worin aber sind die Märchen nicht nur Verbündete im Denken und Fühlen der Kinder, sondern zugleich ihre (moralisierenden) Lehrmeister? Was macht ihre erzieherische Kompetenz aus?

Märchen sprechen die Sprache des Unbewussten. In ihren symbolkräftigen reichen Bildwelten regen sie die Phantasie ihrer Hörer und Leser an und zwingen sie geradezu, Vorstellungen zu entwickeln. Magisches und Wunderbares erscheinen wie selbstverständlich im hellen Tageslicht und behaupten ihren Platz und ihr Recht. Ein hässlicher Frosch wird an die Wand geworfen und ist plötzlich ein schöner Königssohn. Der Wolf verschlingt das kleine Mädchen und die Großmutter, aber als der Jäger ihm den Bauch aufschneidet, klettern beide unversehrt heraus. Das arme Schneewittchen, das tot im Sarg liegt, erbricht beim Stolpern der Sargträger den vergifteten Apfel und ist wieder lebendig. Der Spiegel kann sprechen und die sieben Raben verwandeln sich wieder in Brüder, als die Schwester ihre Hemden endlich fertig genäht und ihnen übergeworfen hat. Vom Hexenhaus mitten im Wald kann man Pfefferkuchen abbeißen und sich damit sättigen. Die mächtige, böse Hexe kann von einem zarten, kleinen Mädchen überwältigt werden.

Das Wunder geschieht und erlöst die Helden aus Not und Gefahr. Die Hoffnung auf ein gutes Ende wird niemals enttäuscht, auch wenn es noch so unwahrscheinlich erscheint – das Märchen zaubert es herbei. Märchen werden deshalb gern als Wunsch- oder Glücksdichtung bezeichnet. Tatsächlich verspricht es das Ende aller Not, die Erlösung aus Qualen und Ängsten. Auch dem Kleinsten und Schwächsten kann diese Erlösung gelingen, auch für ihn kann alles gut werden. Aber – und das ist die interne und wichtigste Botschaft beinahe aller Märchen – der Held bekommt es nicht umsonst und nicht geschenkt, auch wenn Zauber und Magie im Spiel sind und ihm helfen.

Die Moral der Märchen sagt: Du musst Gutes tun! Nur wer Gutes tut, und ist es auch noch so anstrengend, wird belohnt werden. Die Goldmarie in „Frau Holle" holt die Brote aus dem Ofen, erntet die Äpfel und schüttelt die Betten kräftig aus. Der Lohn sind Gold und edle Gaben. Ihre faule Schwester, die Pechmarie, wenn man so will, die dunkle Seite der gleichen Person, kümmert sich um gar nichts, überhört jeden Hilferuf und wird zur Strafe mit Pech übergossen. Im Märchen „Die weiße Schlange" erfährt man, dass nur dem, der Gutes tut, auch geholfen wird, und in „Die drei Spinnerinnen" wird unsinniges Tun zum Glück nicht lebenslänglich auferlegt, wenn es sich als Irrtum herausstellt. Das Märchen zeigt einen ausgeprägten Gerechtigkeitssinn und lobt und bestraft nach absolut eindeutigen, klaren Regeln, die jeder verstehen kann.

Das Märchen verlangt von seinen Helden, dass sie mutig in die weite Welt ziehen.

Märchenmoral

Das Märchen ist Welterklärer und Mutmacher.
Es glaubt an die Kraft der Schwachen, aber es verlangt, dass man sich anstrengt und Aufgaben löst.
Das Märchen schickt seine Helden hinaus in die weite Welt, damit sie klüger werden und Erfahrungen sammeln.
Das Märchen hält Wünsche für erfüllbar.
Es freut sich über eine gelungene List.
Es verspricht ein gutes Ende.
Märchen sind Wunsch- und Glücksdichtungen.

Welches Kind verlässt schon gern sein Zuhause? Der Auszug der Märchenhelden in die weite, fremde Welt lässt das Kind erschauern. Sein Mitgefühl und seine Anteilnahme gelten denen, die sich das trauen. Und wie schwer und anstrengend es noch wird: Aufgaben müssen erkannt und gelöst, Kämpfe ausgestanden, Einsamkeit, Not und Schmerzen tapfer ertragen werden. Das gute Ende ist nicht umsonst zu haben.

In dieser Botschaft mündet schließlich die Märchenmoral. So naiv sie sich auch geben mag, hier zwingt sie zum Nachdenken und zum vollen persönlichen Einsatz und ist tatsächlich ein Lebensratgeber.

Die Grausamkeit der Märchen: Pro und Kontra

Seit jeher und im kontinuierlichen Auf und Ab entzündet sich der Märchenstreit immer wieder an ähnlichen Punkten. Während die einen den Zauber und die Poesie der Märchen lieben und hochschätzen, kritisieren die Gegner die vermeintliche Flucht aus der Wirklichkeit, das verlogene Happy End und insbesondere die in den Märchen beschriebenen Grausamkeiten, die schädlich für die Kinder seien.

Am absurdesten mag aus heutiger Sicht das 1947 von der amerikanischen Militärbesatzung angeordnete Verbot der Verbreitung der Grimmschen Märchen im Nachkriegsdeutschland gewesen sein. Argumentiert wurde damals damit, dass die Grausamkeit in Grimms Märchen die Deutschen zu potentiellen Faschisten gemacht hätte (Wardetzky 2013 S. 89 f.). In Ostdeutschland, das ohnehin stärker mit den reichen Traditionen der sowjetischen Märchenkunst verbunden war, wurde der Märchenstreit etwa 1955 endgültig beigelegt (ebd.). Hier nahm das Märchen einen herausragenden Platz in Buch, Theater und Film ein und gehörte zur Grundausstattung der literarischen Bildung der Schulkinder. In der BRD wurde der Märchenstreit bis in die späten 1980iger- Jahre immer wieder vehement geführt. Worum geht es in diesem Streit hauptsächlich?

Das Märchen bietet in vieler Hinsicht einen Spiegel für die seelischen Konflikte der Kinder, ihrer Ängste vor der Übermacht der Eltern. Durch die Beschäftigung mit dem Märchen kann das Kind diese Ängste und Gefühle ausagieren, und es muss dabei keine eigenen Schuldgefühle entwickeln – das, was passiert, passiert ja den Märchengestalten, passiert in einer Kunstwirklichkeit. Also nicht „in echt", wie Kinder sagen würden, aber eben doch – gespiegelt – in einer „als-ob"-Situation, die die Kinder durchleben und durchleiden können.

Das Märchen „Hänsel und Gretel" bietet ein Beispiel: Zwei Kinder werden im Wald ausgesetzt, weil die Eltern nichts mehr zu essen haben und gelangen zum Haus der Hexe, an dem sie ihren Hunger befriedigen können. Der

Preis ist hoch: Der Bruder soll gemästet und geschlachtet werden. Aber der Schwester gelingt es, die böse Hexe zu überlisten und beide Kinder können fliehen und nach Hause zurückkehren. Das Märchen ist ein klassisches Beispiel für den unumgänglichen Ablösungsprozess der Kinder von ihren Eltern. Das, wovor alle kleinen Kinder Angst haben, die Trennung von ihren Eltern, das Verlorengehen, Alleinsein, wird hier durchgespielt. Die Schreckensbilder sind groß. Aber wenn die böse Hexe schließlich im Ofen landet, sind die Kinder erleichtert und froh. Das Böse wurde bestraft und verschwand endgültig und unumkehrbar.

Das Märchen personifiziert das Böse, gibt ihm eine konkrete Gestalt. Also muss diese konkrete Gestalt auch vernichtet werden, erst dann ist das Böse besiegt und alles kann wieder gut werden. Die Kinder interessieren sich nämlich keineswegs für die beschriebene Grausamkeit an sich. Sie ist hier einzig und allein dazu da, das Böse zu vernichten und endgültig zu beseitigen.

In ihrem jüngsten Beitrag „Ach wenn's mir doch gruselte" (ebd.) zu dieser Thematik belegt Kristin Wardetzky eindrücklich, dass in keiner der von ihr daraufhin betrachteten wissenschaftlichen Studien zur Märchenrezeption von Vorschul- und Grundschulkindern der letzten Jahrzehnte der Nachweis geführt werden konnte, dass Kinder durch die in den Märchen beschriebenen Grausamkeiten zu eigenen Grausamkeiten konditioniert wurden. Die Kinder beurteilen diese Szenen ausschließlich moralisch. Die wiederholte Rezeption bekannter Volksmärchen führte nicht dazu, die Kinder zu ähnlichen Grausamkeiten zu motivieren. Nachweisbar ist das in den von Kindern selbst geschriebenen Märchentexten

Im Material der empirischen Studie zu „MärchenLesarten" (ebd.) kann man sehen, dass in den Märchentexten der Kinder niemals Grausamkeiten sadistisch genutzt wurden, sondern immer funktional, als Elemente einer Spielstrategie. Kinder sparen Schreckensszenarien nicht aus, aber sie nutzen sie, um die Gefährlichkeit einer Handlung zu betonen, um Spannung zu erzeugen und zu halten. Der gute Held soll siegen, aber der Sieg muss erkämpft werden, also muss der Held auch durch Schrecken hindurch gehen, sich bewähren, tapfer sein. Kinder haben sehr wohl ein Gefühl dafür, wenn es um Tod und Leben geht, es soll aber keinesfalls beliebig sein, sondern wirklich wichtig.

Das Fürchten lehren

Angst vor der Dunkelheit, vor dem Einschlafen, vor dem Alleinsein im Zimmer sind seit jeher beliebte Themen in Geschichten für Kinder. Viele Bilderbücher der letzten Jahre greifen dieses Thema auf und schließen damit unmittelbar an die im klassischen Märchen gestaltete Angst-und-Furcht-Problematik an. Das alte Volksmärchen „Von einem, der auszog, das Fürchten zu lernen" ist für viele der in diesem Zusammenhang zu nennenden Bilderbücher der geistige Großvater gewesen.

In der Regel wird in den Bilderbüchern eine Ausgangssituation gewählt, die Kinder wiedererkennen können, und werden dann verschiedene Lösungsmuster durchgespielt, die ihnen helfen sollen und können, ihre Ängste zu bewältigen.

Das Bilderbuch „Gute Nacht, Carola" (Hein/Krömer 2010) geht anders vor. Carola, die Hauptfigur passt nicht in dieses fabulierte Grundschema kindlicher Angstbewältigung. Carola kennt keine Angst, sie erschrickt nie. Mit dieser kühnen und irritierenden Behauptung setzt das Handlungsgeschehen ein. Jakob Hein, der mit

„Gute Nacht, Carola“ von Manuela Olten illustriert

satirischen Erzählungen für Erwachsene und dem Jugendbuch „Mein erstes T-Shirt“ (2010) bekannt wurde, erzählt hier zusammen mit dem Kabarettisten Kurt Krömer von einem kleinen Mädchen, dem eine Begegnung der besonderen Art gelingt: Sie trifft das Böse, das Böse an sich. Carola ist ein Kind im besten Kindergartenalter, das seinen Kuschelpinguin Merlin liebt, gern Hefeklöße mit Kirschen isst, ein rotes Lieblingskleid hat und überhaupt kein Problem damit hat, ohne ihren großen Bruder Franz im stockdunklen Kinderzimmer einzuschlafen. Wovor sollte sie sich fürchten? Wer sich fürchtet, behauptet Carola, hat weniger Zeit zum Spielen, es ist also unpraktisch und überhaupt nicht notwendig, sich zu fürchten, zu gruseln, zu bangen oder sonst wie sich verunsichern zu lassen.

Aber eines Nachts, als sie noch wach liegt und natürlich überhaupt nicht daran denkt, die kleine Nachttischlampe anzumachen, hört sie unter ihrem Bett ein ungewöhnliches Geräusch. Als sie nachsieht, entdeckt sie ein monsterähnliches Gebilde, das offensichtlich bemüht ist, sie zu erschrecken. Aber Carola erschrickt nicht, auch wenn sich das fremde Wesen viel Mühe gibt. So entspinnt sich ein höchst philosophisches Gespräch zwischen Carola und dem Wesen unterm Bett, das nicht mal über einen Vornamen verfügt sondern behauptet, einfach nur DAS BÖSE, also das Böse an sich, zu sein, und das seit über tausend Jahren. Das will und kann Carola nicht verstehen. So ein Dasein hat ihrer Meinung nach überhaupt keine Berechtigung. Sie vermutet daher, dass das komische Wesen nicht böse, sondern einfach nur bockig ist. Diese Erkenntnis irritiert das Böse derart, dass es anfangen muss, zu kichern, womit es sich allerdings um seinen Habitus bringt und von Carola nunmehr als das „früher als das Böse bekannte Wesen“ bezeichnet wird. In diesem Gekicher endet der Versuch, Carola das Fürchten beizubringen. Das seltsame Wesen wohnt seitdem unter Carolas Bett, und wenn Kinder ihr erzählen wollen, sie hätten etwas Böses gesehen, dann schüttelt sie energisch den Kopf und widerspricht.

Das Bilderbuch, so die Verlagsempfehlung, ist an Kinder ab vier Jahren adressiert. Ganz offensichtlich ist es aber (wie viele moderne Bilderbücher heute leisten) mehrfach adressiert und richtet sich auch an die vorlesenden und mitlesenden Erwachsenen. Die Erwachsenen werden den skurrilen Witz und das Spiel mit den traditionellen Baumustern des Märchens nachvollziehen und genießen können. Sie haben schon die Erfahrung machen können, dass man der verabsolutierenden Entgegensetzung von Gut und Böse ein Lachen entgegen halten kann, das es entwaffnet.

Für kleine Kinder, die dem konkreten Geschehen folgen, dürfte es schwer sein, diese Botschaft ohne Hilfe zu entschlüsseln.

Das als Hexe, Stiefmutter oder Wolf personifizierte Böse wird im klassischen Märchen vernichtet, damit alles wieder gut wird. Hier im Bilderbuch verliert das Böse seinen fundamentalen Schrecken, es verkriecht sich kichernd unterm Bett und bleibt dort wie ein bockiges Kind hocken, ohne bedrohlich zu sein – jedenfalls nicht für Carola.

Vielleicht werden die Vierjährigen die kräftigen und witzigen Bilder mögen und den Eigensinn und Mut des kleinen Mädchens bewundern, das sich sonderbarerweise gar nicht fürchtet. So endet das Bilderbuch mit einer Irritation und wird – und das wäre ein großer Vorzug – das Gespräch zwischen Kindern und Erwachsenen über das Gelesene befördern.

Und dann kam der böse Wolf

Im Eingangsbeispiel von der Großmutter, die ihren kleinen Enkelkindern ein Märchenbilderbuch schenken möchte, rät die Buchhändlerin u. a. zu einer Geschichte von Elisabeth Shaw, dem – wie Kristin Wardetzky es nennt – Miniaturmärchen „Der kleine Angsthase" (Shaw 1963). Die Geschichte spielt im Hasendorf, alle Akteure sind Tiere. Erzählt wird, wie der kleine Hase, dessen Oma ihre Angst auf ihn übertragen hat, in einer dramatischen Situation seine Angst überwindet. Der böse Fuchs, Hasenfeind Nr. 1, ist ins Dorf gekommen und hat sich den hilflosen, kleinen Ulli geschnappt. Als das der Angsthase sieht, wird er so wütend, dass er seine Ängstlichkeit vergisst und handelt. Das Märchen geht gut aus. Der kleine Held hat sich tapfer bewährt und der Geraubte ist unverletzt, alle sind froh und zufrieden. Das Märchen war ein Klassiker in der Lektüre von Kindern aus der DDR, als Reprint lebt es auf dem Buchmarkt weiter. Tiermärchen nehmen einen großen Raum im Märchenfundus aller Völker ein. Die in der Früh-

Auswahl an Bilderbüchern zum Thema *Angst*

Blume, Bruno; Gleich, Jacky: Mitten in der Nacht. Frankfurt am Main: Fischer 2002.

De Monfreid, Dorothée: In finsterschwarzer Nacht. Frankfurt am Main: Moritz 2009.

Erlbruch, Wolf: Nachts. Wuppertal: Peter Hammer Verlag 2000.

Erlbuch, Wolf: Leonard. Wuppertal: Peter Hammer Verlag 1997.

Gaiman, Neil; McKean, Dave: Die Wölfe in den Wänden. Hamburg: Carlsen 2005.

Hein, Jakob; Krömer, Kurt: Gute Nacht, Carola. Hamburg: Carlsen2010.

Hole, Stian: Garmans Sommer. München: Hanser Verlag 2009.

Irving, John; Hauptmann, Tatjana: Ein Geräusch, wie wenn einer versucht, kein Geräusch zu machen. Zürich: Diogenes 2003.

Janisch, Heinz; Jung, Barbara: Wenn Anna Angst hat … München: Jungbrunnen 2002.

Jarmann, Julia; Chapman, Lynne: Wenn da nicht die Bären wären. Ravensburg: Ravensburger Buchverlag 2012.

Likar, Gudrun; Olten, Manuela: Keine Angst vor gar nichts. Berlin: Tulipan 2009.

Monfreid, Dorothee: In finsterschwarzer Nacht. Weinheim und Basel: Beltz Verlag 2009.

Olten, Manuela: Echte Kerle. Zürich: Bajazzo 2004.

Schreiber-Wicke, Edith; Holland, Carola: Immer diese Monster. Stuttgart: Thienemann 2009.

Schubiger, Jürg; Muggenthaler, Eva: Der weiße und der schwarze Bär. Wuppertal: Peter Hammer Verlag 2007.

zeit der Menschheit entstandenen Tiermythen zeugen noch von der engen Verbundenheit von Mensch und Tier.

Die bekanntesten Tiermärchen im deutschen Sprachkreis sind sicherlich „Der gestiefelte Kater“, „Der Wolf und die sieben Geißlein“ und „Die Bremer Stadtmusikanten“.

Im „Gestiefelten Kater“, der listig und geschickt seinem Herrn, dem armen und vom Vater benachteiligten Müllerssohn zu Ansehen und Reichtum verhilft, ist die Figur des „Tierhelfers“ unschwer zu erkennen.

Die zweite, häufig vorkommende Tierfigur der Märchen ist der „Tierbräutigam“. Ihn finden wir in allen Wesen, die erst eine Tier und später, nachdem der Zauber gelöst und die Verwünschung glücklich beendet ist, eine Menschengestalt annehmen. Das bekannteste Beispiel ist sicher das Märchen vom „Froschkönig“.

Im Folgenden soll die Figur des Wolfes im Märchen näher betrachtet werden. Wird sie aufgerufen, assoziiert man Schrecken und Angst. Der Wolf, der in der Frühzeit noch der treue Gefährte der Jäger und Sammler war, hat sich später zum Nahrungskonkurrenten des Menschen entwickelt und wurde als solcher gejagt und verfolgt. Im Märchen ist der Wolf ähnlich wie der Drache (der westliche Drache) immer negativ besetzt. Der Wolf ist der schlimme Bösewicht und der gierige Fresser. Zu den Glücksbringern unter den Tiergestalten zählen dagegen u. a. Bär, Adler, Einhorn und Drachen (vgl. Gebhardt 2010). Zwei Märchen fallen einem bestimmt sofort ein, wenn die Rede auf den bösen Wolf kommt: das

„Der gestiefelte Kater“
Märchenbilder
von Grundschulkindern

Märchen vom „Rotkäppchen" und das Märchen „Der Wolf und die sieben Geißlein".

In beiden Märchen tritt der Wolf als der verschlagene und gewalttätige Bösewicht auf. Im „Rotkäppchen" verführt er ein kleines, unschuldiges Mädchen und verschlingt auch noch seine Großmutter. Bei den sieben Geißlein überwältigt er die Kinder, als die Mutter aus dem Haus ist. In beiden Märchen wurde vor der tödlichen Gefahr hinlänglich gewarnt, aber die gutgläubigen und verspielten Kinder unterschätzen die Bedrohung und werden dafür mit dem Leben bestraft. Dass am Ende der böse Wolf stirbt und die Kinder wieder lebendig werden, ist die wundersame und tröstliche Lösung des Schreckensszenariums. Franz Fühmann hat dieses Szenarium dialektisch hinterfragt. 2013 ist dieses Märchengedicht nun auch als Bilderbuch, illustriert von Kristina Andres, erschienen (Fühmann / Andres 2013).

Den Topos vom bösen Wolf nutzen einige moderne Bilderbücher, die mit offenen Erzählkonzepten und ungewöhnlichen Bild-Text-Kompositionen arbeiten, um alte Rollenbilder zu hinterfragen und zur Diskussion zu stellen. Drei Spielarten sind zu beobachten: das Spiel mit Bekanntem, das Spiel mit Kontrasten und das Spiel mit Entgrenzung (Blei-Hoch 2004). Im Bilderbuch „Steinsuppe" der französischen Bilderbuchkünstlerin Anais Vaugelade (Vaugelade 2004) kommt in einer kalten Winternacht ein alter Wolf ins Dorf der Tiere. Er klopft bei der Henne an und bittet darum, sich aufwärmen und eine Steinsuppe kochen zu dürfen. Die Henne erschrickt, lässt ihn aber doch ein. Wörtlich heißt es: „Sie hat immer noch ein bisschen Angst, aber sie ist neugierig: Sie hat den Wolf noch nie mit eigenen Augen gesehen, sie kennt ihn nur aus Geschichten" (ebd. S. 11). In den Geschichten, und damit sind auch die Märchen gemeint, bedeutet das Auftauchen eines Wolfes nichts Gutes.

Szene aus „Lob des Ungehorsams" von Franz Fühmann und Kristina Andres

Mit diesem Vorwissen arbeitet der nachfolgende Text. Die Nachbarn der Henne, beunruhigt durch den überraschenden Gast, eilen der Henne zu Hilfe, müssen aber alle feststellen, dass der Wolf offensichtlich wirklich nur Suppe kochen will und beteiligen sich an der Kochprozedur. Einträchtig sitzen schließlich alle am gedeckten Tisch und lassen sich die Suppe schmecken. „Die Ente bittet den Wolf, ein paar dieser schrecklichen Wolfsgeschichten zu erzählen, um zu hören, wie er darüber denkt" (ebd. S. 20). Aber der Wolf erzählt nicht. Stattdessen zieht er plötzlich ein spitzes Messer aus dem Sack. Die Spannung erreicht ihren Höhepunkt, wird der Wolf die armen Tiere jetzt fressen? Er ist doch der Bösewicht, so erzählen es die alten Märchen! Der Wolf aber packt friedlich seinen Stein wieder ein und verlässt das Haus der Tiere und das Dorf. Ob er wiederkommen wird, bleibt offen.

Auch in dem Bilderbuch des französischen Künstlers Mario Ramos „Ich bin der Stärkste im ganzen Land" (Ramos 2006) begegnet der Leser einem Märchenbuchwolf. Wieder ist die Handlung voller intertextueller Bezüge und wieder

Szene aus Mario Ramos' Bilderbuch „Ich bin der Stärkste im ganzen Land!"

wird das klassische Rollenbild auf den Kopf gestellt und hinterfragt. Der sich prahlerisch aufspielende Wolf begegnet auf seinem Waldspaziergang bekannten Märchenhelden wie dem Rotkäppchen, den drei kleinen Schweinchen, den sieben Zwergen und dem Hasen. Von allen will er bewundert werden. Aber der kleine Kröterich widersetzt sich am Ende der Angeberei des Wolfes und beschämt ihn auf witzige und überraschende Weise.

In David Wiesners konstruktivistischem Bilderbuch „Die drei Schweine" (Wiesner 2002), das auf ein altes englisches Märchen zurückgeht und dessen Stoff auch Elisabeth Shaw in ihrem Bilderbuch „Zilli, Billi und Willi" (Shaw 1973) genutzt hat, wird der Wolf aus der Handlung herausgepustet, mit anderen Handlungsebenen ganz anderer Geschichten sowohl bildlich als auch verbal vermischt und am Ende unschädlich gemacht.

Diese Bilderbücher sind nur drei Beispiele dafür (s. auch S. 61), wie in den modernen Bilderbüchern mit den Grundbildern, den Motiven und Figurentypen aus alten Volksmärchen auf höchst originelle Weise experimentiert wird.

Man sollte annehmen, dass die Leser über ein bestimmtes Grundwissen an Märchen verfügen müssen, um das Spiel mit den alten Baumustern und Rollenbildern verstehen zu können. Die Beschäftigung mit diesen Bilderbüchern ist zweifelsohne eine herausfordernde Tätigkeit. Wie Kinder mit diesen anspruchsvollen Bilderbüchern dennoch auf höchst kreative Weise umgehen können und wie sie sich diese Bild-Text-Narrationen produktiv erschließen können, zeigt Alexandra Ritter in ihrem Buch (Ritter 2014).

Wie es gelang, aus dem bösen Märchenwolf ein liebes Haustier zu machen, erzählt das Bilderbuch „Suppe, satt, es war einmal" von Kristina Andres (Andres 2012). Die Handlung

Der Wolf teilt die Suppe aus – Szene aus dem Bilderbuch „Steinsuppe" von Anais Vaugelade

setzt mit einem bekannten Märchenmotiv ein: Ein kleines Mädchen bleibt allein zu Haus, die Mutter warnt es nachdrücklich vor dem bösen Wolf. Aber das Mädchen erinnert sich an die drei mächtigsten Worte, die es von der Großmutter gelernt hat. Sie kocht einen großen Topf Suppe für die heulenden Wölfe, die ins Haus hereindrängen, lässt sie sich den Bauch vollschlagen, bis sie wohlig satt sind und erzählt ihnen dann bis zum Morgengrauen eine Geschichte, die beginnt mit „Es war einmal ...". Nach drei Tagen wollen die Wölfe das gastliche Haus gar nicht mehr verlassen und verstecken sich einer nach dem anderen unter dem Bett. Da zieht das Mädchen seinen warmen Wintermantel an, stopft sich die schlafenden Wölfe darunter und klopft an alle Haustüren des Dorfes. Alle Familien müssen einen der gezähmten Wölfe aufnehmen. So wird aus dem bösen Wolf das Haustier Hund.

Das Mädchen liest den Wölfen vor – Szene aus dem Bilderbuch von Kristina Andres „Suppe, satt, es war einmal"

Zum Downloaden und Ausprobieren

- Am Kamin der Bremer Stadtmusikanten
- Wolfsgespräche

Der Wolf im postmodernen Bilderbuch

Andres, Kristina: Suppe satt, es war einmal. Berlin: Bloomsburry 2012.

Browne, Anthonie: In den Wald hinein. Oldenburg: Lappan Verlag 2004.

Gaiman, Neil; McKean, Dave: Die Wölfe in den Wänden. Hamburg: Carlsen 2005.

Gebrüder Grimm; Janssen, Susanne: Rotkäppchen. München, Wien: Hanser Verlag 2001.

Lindenbaum, Pija: Franziska und die Wölfe. Weinheim und Basel: Beltz Verlag 2013.

Matter, Maritgen; Faust, Anke: Ein Schaf fürs Leben. Hamburg: Oetinger 2003.

Pommaux, Yvan: Detektiv John Chatterton. Weinheim und Basel: Beltz Verlag 2005.

Ramos, Mario: Ich bin der Stärkste im ganzen Land! Weinheim und Basel: Beltz Verlag 2006.

Ramos, Mario: Ich bin der Schönste im ganzen Land! Weinheim und Basel: Beltz Verlag 2009.

Schneider, Karla; Harjes, Stefanie: Wenn ich das 7. Geisslein wäre. Köln: Bastei Lübbe 2009.

Shaw, Elisabeth: Zilli, Billi und Willi. Berlin: Kinderbuchverlag 1973.

Wiesner, David: Die drei Schweine. Hamburg: Carlsen 2002.

Vaugelade, Anais: Steinsuppe. Weinheim und Basel. Beltz Verlag 2004.

Wolfsgruber, Linda: Wolf oder Schaf – böse oder brav? Freiburg: Herder Verlag 1996.

KAPITEL 4

Märchen erzählen

Aus dem Haus klingen Stimmen, die Fenster sind weit offen. An den Wänden sind Bücherregale mit alten Büchern. Manche Buchrücken glänzen golden und kupferrot, andere sind in Leder gebunden. Stehlampen bilden Lichtkreise. Es gibt Sitzkissen am Boden, aber auch weiche Sofas und Lehnsessel, die zu kleinen Gruppen zusammengestellt sind und auf denen man sich niederlassen kann. An einer Wand lehnt eine Gitarre, daneben stehen mehrere Trommeln. Ein Fest soll gefeiert werden, ein Fest der Wörter. Die Wörter sind die Gastgeber. Die Erzähler haben sie in den festlichen Raum mitgebracht und den Raum vorbereitet. Wer erzählt? Und wer hört zu?

Erzählen hat seit Jahrhunderten eine sowohl alltägliche – also zuhause und bei der Arbeit ausgeübte – als auch eine professionell gepflegte, kulturell überlieferte und öffentliche Tradition: „Erzählen als Kunstform kann auf eine mehr als 3000-jährige Geschichte zurückblicken. Sie hat in verschiedenen Weltkulturen einen eigenen Berufsstand hervorgebracht und war in den schriftlosen Jahrhunderten der Garant nationaler und kultureller Identität. Aus dem Erzählen gingen das Theater, die Literatur, die Geschichtsschreibung, die Philosophie, ja auch die kulturspezifischen Bildungssysteme hervor. Bevor es alle diese Differenzierungen gab, hat das Erzählen solche Spezialisierungen in sich vereint" (ErzählZeit 2011, S. 16).

Beispielhaft zu nennen sind die Rhapsoden, die wandernden Sänger im antiken Griechenland, die bei Festen epische Dichtungen (z. B. die Dichtungen des Homer) vortrugen. Dabei begleiteten sie ihren Vortrag mit einer Phorminx, einem Saiteninstrument. Im Mittelalter und auch später wurde auf öffentlichen Plätzen, in Wirtshäusern, Schenken und Herbergen auf Reisen zu Land und zu See erzählt – gelegentlich oder auch professionell. Und immer waren unter den Erzählstoffen auch Märchen vertreten (s. a. Schenda 1993).

In den Salons des aufgeklärten und bildungsbeflissenen Bürgertums des 19. Jahrhunderts ist viel vorgelesen, vorgetragen und auch erzählt worden, aber das Vorlesen und Erzählen diente der Unterhaltung der Erwachsenen. Bevor sich die „Kinder- und Hausmärchen" der Brüder Grimm in der Epoche der Romantik als Kinderbuch etabliert hatten, wurden kleinen Kindern Ammenmärchen erzählt. Diese waren bei Weitem nicht so angesehen wie die späteren Buchmärchen. Von den gebildeten jungen Bürgertöchtern wie Marie Hassenpflug, Dortchen Wild oder Jenny von Droste-Hülshoff wurde schon in Kapitel 1 berichtet. Sie müssen durch ihre natürliche Erzählkunst die Grimms sehr beeindruckt haben, aber von ihren ursprünglichen Erzählungen ist durch die Bearbeitungen wohl wenig erhalten geblieben. Allein die Märchenfrau Dorothea Viehmann konnte offenbar druckreif erzählen, so dass die von ihr zugetragenen Märchen (z. B. „Die Gänsemagd", „Der Eisenofen" oder „Der Teufel und seine Großmutter") viele wörtlich übernommene Passagen enthalten (Rölleckе / Schindehütte 2011, S. 115 f).

Im Folgenden seien zwei Aspekte des großen und reichen Universums des Erzählens herausgegriffen und vorgestellt: das Erzählen in der Familie und das Erzählen in künstlerischen Erzählprojekten in der Schule und im Kindergarten.

Die Kunst des Erzählens

Weltweit kann man derzeit von einer Renaissance des Erzählens, einer new orality, sprechen.

Auf großen internationalen Festivals wie z. B. *Graz erzählt* in Österreich, EPOS in Vendome/Frankreich, *Nordic Voices* in Finnland, *Cape Clear* in Irland, *Scottish Storytelling* in Edinburgh, *Toronto Festival of Storytelling* in Kanada, *Alden Biesen* in Belgien oder *Beyond the Border* in Wales/Großbritannien treffen sich Erzähler und feiern das lebendige, genüssliche Erzählen im gegenseitigen Austausch. Das Erzählen von Märchen hat dabei immer und überall einen zentralen Platz (Wardetzky/Weigel 2008, S. 12 f).

Erst in den achtziger Jahren wurde auch in Deutschland das professionelle, künstlerische Erzählen wiederentdeckt. In regionalen Erzählfestivals wie *Zwischenzeiten* in Aachen, *Zauberwort* in Nürnberg, *Im Fluss der Worte* in Stuttgart, Mundwerk in Konstanz, *Märchen-Festival* in Neukirchen-Vluyn, *Erzähl mir was* in Remscheid kann man auch hier das Fest des gesprochenen Wortes feiern, wenngleich diese Veranstaltungen noch längst nicht mit den internationalen Treffen konkurrieren können. Aber die Wirkung dieser kleinen, allmählich ein öffentliches Ansehen gewinnenden, Treffen der Erzählergemeinde ist nicht zu unterschätzen (ebd.). Die auf solchen Festivals auftretenden Erzähler haben in der Regel eine Ausbildung im künstlerischen darstellenden Bereich und haben Erzählen zum Beruf gemacht. Damit schließen sie an eine alte, besonders im arabischen Raum anzutreffende Tradition, an. Johannes Merkel beschreibt in seinem „Erzählkabinett" (www.stories.uni-bremen.de) sehr anschaulich, wie professionelle Geschichtenerzähler in Marokko auf öffentlichen Plätzen, später in Kaffeehäusern oder auch in Privathäusern, zur Unterhaltung beigetragen haben: „Natürlich musste der Erzähler sein Handwerk gelernt haben, und wie alle anderen Gewerbe ging er dazu erst einmal bei einem Meister seines Faches in die Lehre. Noch um 1920 erzählen auf manchen Plätzen marokkanischer Städte zuerst die Lehrlinge und erst später am Abend die Meister. Und manchmal waren die Erzähler auch ganz zünftig organisiert. Aus dem Bagdad des 12. Jahrhunderts erfahren wir, dass es eine regelrechte Innung der Erzähler gab, der ein Cheik vorstand wie allen andern Gewerben auch. [...]

Ohne Bühne, ohne Lichteffekte, ohne Verstärkeranlage trat der Geschichtenerzähler seinem Publikum im offenen Tageslicht entgegen, und musste sich allein auf die Raffinesse seiner Geschichte und auf die Geschicklichkeit seiner Vortragskunst verlassen, umso mehr, als er auch keinen Eintritt kassierte, sondern sein Verdienst von freiwilligen Spenden der Zuhörer abhing" (Merkel 2014).

In Ländern wie Großbritannien oder Norwegen wurden sehr früh Schulen und Kindergärten als Einsatzfeld für das künstlerische Erzählen entdeckt und das Erzählen mit bildungspolitischen Zielen eng verbunden. In Norwegen gibt es den „Kulturrucksack", über den Erzähler kontinuierlich an Schulen vermittelt werden. Nach den Ausschreitungen in Problemvierteln britischer Städte in den achtziger Jahren sind der britische Erzähler Ben Haggarty und seine Kollegen in die Schulen gegangen und haben in den Klassenräumen erzählt, vor „schwierigen

Jugendlichen, die unzusammenhängend sprachen und den Kopf voller Fernsehbilder hatten". Daraus entwickelte sich in Großbritannien eine breite Offensive des Erzählens in den Schulen. (vgl. Wardetzky / Weigel 2008, S. 13).

ErzählZeit in Schulen und Kindergärten

Seit einigen Jahren gibt es in Berlin das Projekt „ErzählZeit" (www.erzaehlzeit.de), hervorgegangen aus dem Pilotprojekt „Sprachlos", das 2008 mit drei professionellen Erzählerinnen Sabine Kolbe, Kerstin Otto und Marietta Rohrer-Ipekkaya vom Erzähltheater *fabulaDrama* und unter der Leitung der Erzählforscherin Kristin Wardetzky im Berliner Bezirk Wedding startete. Zwei Jahre lang gingen die Erzählerinnen einmal wöchentlich in Schulen und erzählten den Kindern, deren Herkunftssprache überwiegend nicht Deutsch war, internationale Märchen. Inzwischen ist das Erzählprojekt in über 115 pädagogischen Einrichtungen (Kindergärten, Grundschulen und weiterführende Schulen) überaus erfolgreich gelaufen. Am Projekt sind 21 Erzähler, darunter sechs, die eine andere Muttersprache als Deutsch sprechen, beteiligt. Neben den wöchentlichen Erzählstunden bei den Kindern gibt es flankierende Weiterbildungsveranstaltungen für die beteiligten Pädagogen, aber auch Kurse für die Eltern und einen fachlichen Austausch der beteiligten Erzähler. Seit dem Schuljahr 2012/13 gibt es eine Regelförderung durch den Berliner Senat. Nachfolgeprojekte sind in Heilbronn, Hannover, Lippe und in Frankfurt am Main entstanden. Das Projekt ist umfangreich dokumentiert (ebd.) und wissenschaftlich evaluiert.

Was ist das Besondere an diesem Erzählprojekt und warum ist es langfristig so erfolgreich? „Märchen sind Pioniere der Migration. Bevor sie in Büchern fixiert wurden, waren sie Jahrhunderte lang auf Wanderschaft, haben Kulturgrenzen überschritten, haben im Austausch der Kulturen ihre Identität entwickelt. So empfiehlt sich das Märchen als ideales Genre für die interkulturelle Bildungsarbeit und die Sprachbildung" (ErzählZeit 2011, S. 17).

Zu Beginn des Projektes befürchteten viele Pädagogen, dass die Kinder, die nur mangelhaft Deutsch sprachen, den anspruchsvollen Erzählungen überhaupt nicht würden folgen können und wollen. Die Erzähler sprachen absichtsvoll in poetischer, verdichteter Hochsprache und passten weder die sprachliche noch die inhaltliche Form der Märchen dem vermeintlichen Niveau der Kinder an. Die Kinder reagierten überrascht, und in den ersten Monaten durchaus auch überfordert. Aber je länger die Angebote dauerten, umso mehr ließen sich die Kinder auf die ganz besondere Atmosphäre der Erzählstunden ein. Auch wenn sie nicht alles verstanden und anfänglich noch sehr oft über die fremden Begriffe diskutiert werden musste, so erlagen die Kinder doch immer mehr dem magischen Zauber und dem narrativen Spiel. Bei jeder neuen Erzählstunde wurden zu Anfang die Inhalte der vergangenen Erzählstunde rekapituliert, so dass sich die Kinder ihres Märchenwissens vergewissern konnten. Nach ca. einem Jahr waren die Kinder in der Lage, selbst Märchen zu erzählen, weiterzuerzählen und selbst zu erfinden. Sie präsentierten sich jetzt selbst als kompetente Erzähler. Durch das konzentrierte und inzwischen ausgesprochen genussvolle Zuhören war ihre eigene Imaginationsfähigkeit deutlich gestiegen.

Die Wiederholung der narrativen Muster, die poetischen Wendungen, die symbolträchtigen Bilder der Märchen hatten ihre Wirkung entfaltet. Während die Kinder dem Märchen lauschten,

Die Erzählerin Suse Weisse erzählt das Grimmsche Märchen vom „Fundevogel“

entstanden in ihrem Kopf nun Bilder, die wie in einem Film in ihrem Inneren abliefen. Sie waren in der Lage, sich in das Erzählgeschehen einzufühlen, mit den Helden mitzuleiden und das Geschehen mit ihren eigenen Erfahrungen, ihrem eigenen Leben zu vergleichen. Das Tor zum Leseland war ein ganzes Stück weiter geöffnet worden.

Die wissenschaftliche Begleitforschung des ErzählZeit-Projektes evaluierte einen deutlich gestiegenen Wortschatz, eine gewachsene Artikulationsfähigkeit und vor allem eine entwickelte soziale Kompetenz. Die Kinder hatten durch das wiederholte, ritualisierte und auf höchstem künstlerischem Niveau dargebotene Märchenerzählen zur eigenen Sprachmächtigkeit gefunden. Die Trias des Erzählprojektes *Erzählen – Zuhören – Weitererzählen* (ebd. S. 16) hatte gewirkt.

Erzählen ist anders als Vorlesen

Worin liegt der Unterschied zwischen dem Erzählen und dem Vorlesen? Gemeinsam ist beiden Darbietungen, dass die wichtigsten Werkzeuge die Stimme, die Mimik und Gestik sowie der Körper der Darbietenden sind. Aber während beim Vorlesen die möglichst genaue Wiedergabe des Textes im Vordergrund steht und die Vorlesenden ein Buch in der Hand haben, auf das sie sich immer wieder beziehen, versteht sich der Erzähler viel mehr als ein Medium, das zwischen der Geschichte und dem Zuhörer vermitteln will.

Der Erzähler hat kein Buch in der Hand. Er sieht seinen Zuhörern in die Augen, er hat unablässig Blickkontakt mit ihnen und agiert im Raum, in den er die Geschichte hinein erzählt. Das Buch ist natürlich seine wichtigste Inspirationsquelle und alle Erzähler überlegen sehr genau, welche Stoffe sie erzählen und vor wem und in welchem Kontext das geschehen wird. Aber das aus dem Buch entnommene und dort schriftlich festgehaltene Erzählgut wird beim Erzählen wieder in seinen ursprünglichen „Aggregatzustand“ versetzt, in seine Mündlichkeit zurückgeführt und damit auch freigegeben für jegliche Veränderungen.

Erzählen ist eine zutiefst dialogische Kunst. Der Körper und das Gesicht sind „die Bühne des Erzählers“, sagen Wardetzky/Weigel (2008, S. 24). Erzählen geschieht immer im Kontext der jeweiligen Situation, der Erzähler muss sich auf die Erwartungen und Bedürfnisse des Publikums einstellen, sie erspüren und seinen Erzählstoff immer wieder auf die jeweilige Zuhörerschaft beziehen.

Eva Maria Kohl während einer Erzähl- und Schreibwerkstatt

Manche Erzähler nutzen bestimmte Requisiten beim Erzählen und pflegen kleine, symbolische Rituale, die ihr Erzählen eröffnet oder abschließt. So nutzen die Erzählerinnen Sabine Kolbe und Kerstin Otto, wenn sie Kindern erzählen, gern ein goldenes Glöckchen und einen Vers, den die Kinder mitsprechen und auch variantenreich selbst intonieren können:

„Krick krack
Der Schlüssel dreht sich und kracht.
Die Märchentür, die öffnet sich.
Es war einmal, es wird einmal …
Es gibt kein Wenn und kein Vielleicht.
Krick krack“
(aus: Gutzmann u. a. 2013, S. 20)

Die Erzählerin Suse Weisse hat bei ihren Vorstellungen einen fein gemusterten Teppich mit, der aus zwei alten Saris zusammengenäht ist, die Frauen in Indien getragen haben (s. S. 65 oben). Den Teppich hängt sie über eine Wandtafel oder eine Stellwand, so dass er einen schönen, rahmenden Hintergrund für sie bilden kann. Während des Erzählens vor größeren Gruppen, die sie im Halbkreis um sich versammelt, bleibt sie stehen. Bei kleinen Gruppen kann sie auch sitzend erzählen und arbeitet mimisch und gestisch dann nur mit ihrem Gesicht und – ganz sparsam – mit den Händen.

Es gibt auch die Möglichkeit, das Erzählen mit kleinen, sich ganz konkret auf die jeweilige Handlung beziehenden, Gegenständen zu begleiten. So nutze ich selbst beim Erzählen meines Märchens „Ein Haus zieht aus“ ein winziges Spielzeughäuschen und eine Schnecke, die ich während des Erzählens aus meiner Rock- oder Jackentasche hervorhole (s. oben). In einem Geschichtenkoffer, den ich auch gern meinen „Werkzeugkasten“ zum Geschichtenerzählen nenne, habe ich verschieden Schachteln und Beutel mit kleinen Gegenständen und Wortkarten, die ich als Erzähl- und Schreibimpulse nutze (s. S. 67 rechts). In der tiefblauen

Schachtel sind die Wörter für die Fluss- und Wassermärchen. In der grünen Kiste sind z. B. die Wald-, Wiesen- und Gartenwörter. In der schwarzen Kiste sind die Nachtwörter und in der weißen die Winterwörter (Kohl 2005). Dieser sinnliche und poetische Zugang zum Sprachmaterial der Geschichten und Märchen und die Vergegenständlichung und damit Visualisierung der Erzählinhalte helfen den Kindern, ihre Phantasie zu gebrauchen und selbst einen Anfang für das Erzählende zu finden.

Claus Claussen nutzt bei seinen Erzählwerkstätten in der Schule immer wieder eine Erzählmütze, die der jeweilige Erzähler sich aufsetzt, bevor er beginnt. Das hebt ihn sofort aus dem Kreis der übrigen heraus und bedeutet: Jetzt beginnt etwas Besonderes. Hört mir zu! (Claussen 1995, S. 64)

Märchenerzählen im Kinderzimmer

In vielen Familien ist es auch heute noch üblich, Kindern zumeist vor dem Einschlafen etwas vorzulesen, zu erzählen oder auch vorzusingen. So kann der Übergang vom Wachen zum Schlafen besser gelingen und das Kind schläft evtl. beruhigter ein. Vermutlich wird Kindern in der Familie aber mehr vorgelesen als erzählt. Ein Bilderbuch hat man eher zur Hand und man kann den Text ablesen. Auch beim wiederholten Vorlesen bleibt der Text gleich, was Kinder oft vehement einfordern. Da darf keine Zeile weggelassen oder verändert werden. Das Kind will wiedererkennen und sich damit bestätigen, was es schon weiß. So etwas stärkt sein Selbstwertgefühl.

Das freie Erzählen ist anders als Vorlesen. Die Zuhörer haben natürlich die Erwartung, dass ein spannendes, ungewöhnliches Ereignis erzählt wird, das sie gut unterhält und das einen Konflikt bietet, der gelöst werden muss und an dessen Ende ein glückliches Ende steht, das ein

Erzählkoffer mit Wörterkisten

Alte und neue Märchenwörter

befreiendes Seufzen auslöst: Es ist noch mal gut gegangen.

Das Märchen kann all das bieten. Es bietet einen existenziellen Konflikt, der die Erwartungen der Zuhörenden an Spannung und Unterhaltung befriedigen kann, und es löst ihn zuverlässig mit einem glücklichen Ausgang.

Es lohnt sich also für alle, die in Kinderzimmern erzählen wollen, märchenkundig zu sein. Vielleicht beginnt man mit einem Märchen, das man selbst gern hat und noch gut kennt. Ansonsten gilt es, die Märchenbücher wieder hervorzuholen und die Texte vorab noch einmal gründlich zu lesen und sich das Handlungsgeschehen wieder einzuprägen. Da Märchen immer linear und überschaubar gebaut sind, ist das nicht besonders schwer. Märchen konnten ja nur deshalb über Jahrhunderte hinweg mündlich weitergegeben werden, weil sie über eine so einfache, klare Form verfügen. Wie sonst sollte sich ein Erzähler alles merken können? Auf Vor- und Rückblenden, Nebenschauplätze oder komplizierte, ineinander verschränkte Erzählebenen verzichtet das Volksmärchen.

Das eigene Erzählen hat gegenüber dem Vorlesen den Vorteil, dass man das Kind dabei direkt anschauen und quasi in seine Augen hinein erzählen kann. Der Kontakt zwischen Erzähler und Zuhörer ist sehr viel direkter. Der Erzähler spürt eher, wann ein Kind lustvoll gebannt ist und das Zuhören genießt und wann es womöglich Ängste entwickelt, die es zu lindern und zu beruhigen gilt. Außerdem kann das Erzählen auch situativ direkt auf den Zuhörer bezogen werden.

Vielleicht beginnt man so, wenn man das Märchen H. C. Andersens von der überaus empfindlichen Prinzessin, die eine Erbse durch unendlich viele Matratzen hindurch spürte, seinem eigenen Kind nahe bringen will: *Es war einmal ein Königssohn, der wollte so gern eine richtige Prinzessin heiraten. Aber er wusste nicht genau, woran man eine Prinzessin erkennt. Erkennt man sie vielleicht an ihren goldenen Haaren? Oder an ihrer weißen Haut? Wenn sie nun z. B. so kleine Sommersprossen hat, wie du sie hast, ist sie dann vielleicht keine Prinzessin? Nein? Darf eine Prinzessin keine Sommersprossen haben? Also, ich weiß das nicht genau, du weißt es wohl auch nicht? Oder doch?*

Was unterscheidet das Erzählen vom Sprechen?

Im Gespräch wechseln Rede und Gegenrede miteinander ab. Der Dialog zwischen den Sprechenden bezieht sich immer auf eine bestimmte Situation, in der beide miteinander kommunizieren. Wird aber eine Geschichte erzählt, so geht das über eine Wechselrede hinaus. Jede Geschichte enthält eine bestimmte Abfolge an Geschehnissen, man spricht auch von einem „Geschichtenschema". Auch die Märchen haben solche Schemata. In der Regel gibt es eine Ausgangssituation an einem bestimmten Ort und zu einer bestimmten Zeit, dann wird diese empfindlich gestört, ein Unglück ist eingetreten, das nach Lösung verlangt. Der Held der Geschichte muss reagieren und das Märchen endet, wenn er erfolgreich ausgezogen ist und gekämpft, gelitten und sich angestrengt hat.

Für Kinder ist diese „Geschichtengrammatik" gut nachvollziehbar. Sie nutzen sie, zunächst unbewusst, je öfter sie Geschichten zuhören und auch selbst anfangen, zu erzählen. Dabei lernen sie mit längeren und in sich strukturierten sprachlichen Gebilden umzugehen und erweitern ihren bis dahin erlernten „sympraktischen" Sprachgebrauch. Sie konstruieren selbstständig eine sprachlich gesteuerte Handlungsfolge. Sprache wird also aus dem Kontext der Kommunikationssituation herausgelöst und als eigenständiges Gebilde wahrgenommen: Sie wird „dekontextualisiert" (Merkel 2006, S. 11). Damit wird eine entscheidende Grundlage für das spätere Lesen und Schreiben und damit generell der Literalität der Kinder gelegt.

Das eigene Erzählen unterstützen

Den Weg in das eigene Erzählen zu finden, bedeutet immer auch, einen Weg in die Sprache, den Zugang zu einem liebevolleren, sorgfältigeren und bewussteren Sprachgebrauch zu ebnen. Dieser Weg lässt sich spielerisch anbahnen und begleiten. Das soll an zwei konkreten Beispielen gezeigt werden: erstens dem Wörtereinsammeln und Spielen mit der Sprache und zweitens dem Erzählen mit geeigneten Bildimpulsen.

Märchen aus der Jacken- oder Hosentasche
Das Spiel, das ich im Folgenden vorstelle, habe ich oft mit Kindern gespielt, auch schon mit ganz Kleinen, die noch gar nicht lesen und schreiben können. Man kann es an jedem beliebigen Ort spielen und braucht dazu nur sich selbst und ein wenig Zeit. Man beginnt damit, die Kinder zu bitten, mit den Händen in ihre Jacken- oder Hosentaschen zu fassen. Meist verbergen sich darin kleine Gegenstände, die die Kinder gefunden und eingesteckt haben. Die anderen Kinder können dabei nicht sehen, was die eigene Hand ertastet.

Anschließend beginnt das Erfinderspiel: Wir geben den Dingen eine Stimme und machen sie lebendig. Das Ratespiel geht so: „Mein Hand sieht etwas, was du nicht siehst. Es ist weich und dünn und versteckt sich in meiner Hand. Was ist es?" Der Name des Dinges, dessen Eigenschaften ich bzw. der Erzähler möglichst genau beschreibt, muss geraten werden. Wahrnehmung wird zur Benennung und artikuliert sich zunächst in einem Satz, z. B. „In meiner Hand ist ein Taschentuch."

Der nächste Schritt überschreitet die Schwelle von der Realität in die Phantasie: Wir gehen ins Geschichtenland. Das Taschentuch, das ertastet und zum Rätselgegenstand gemacht wurde, will in einer Geschichte mitspielen. Es wird zum Helden eines Geschehens. Also wird über den Gegenstand nachgedacht und versucht, ob ich ihm eine erzählenswerte Geschichte entlocken kann. Ist es ein etwas verheultes Taschentuch? Hat es etwas Trauriges erlebt? Oder ist es bloß verschnupft? Worüber? Was ist geschehen? Und vor allem: Wer war noch dabei?

Vielleicht ist in der Jacken- bzw. Hosentasche aber nur ein Kuchenkrümel gewesen. Auch er hat das Talent, in einer Geschichte mitzuwirken. Um den Erzählfaden zu spinnen, wird aus dem Raum, in dem sich alle gerade befinden, ein zweiter Gegenstand ausgewählt. Er muss dem ersten gegenüber möglichst gegensätzlich sein.

Der Stuhl

Es war einmal ein Stuhl, der war aus reinem Eichenholz. Ein Mann hatte ihn angefertigt, und nun stand er neben den anderen an einem Tisch. Der Stuhl wusste schon, wann der Mann sich draufsetzen würde. Um sieben Uhr zum Brötchenessen, um zwölf Uhr zum Suppenessen und um achtzehn Uhr zum Wurstessen. Der Stuhl war überglücklich, wenn der Mann kleckerte und Krümel auf ihn fielen. So ging es lange Zeit. Doch eines Tages setzte sich ein kleiner Junge auf den Stuhl, der nicht krümelte und kleckerte. Vor Wut kippte der Stuhl um. Seitdem darf nur noch der Mann auf dem Stuhl sitzen. Und wenn er nicht kaputtgegangen ist, steht er heute noch da.

Robert, 10 Jahre

Lisas Märchen von der Uhrenkönigin

Solche gegensätzliche Wortpaare könnten sein: Kuchenkrümel – Steckdose, Kuchenkrümel – Stuhl, Kuchenkrümel – Fußball.

Aus einer solchen Irritation der Wörter, die aufeinanderstoßen und zunächst einmal keinen Zusammenhang erkennen lassen, können sich Geschichten entwickeln. Der italienische Kinderbuchautor und Pädagoge Gianni Rodari (Rodari 1992, S. 21–25) bezeichnet dieses kreative Prinzip als „Phantastisches Binom", das unerlässlich ist, um eine Idee zu entwickeln, eine Geschichte in Gang zu setzen. Aus einem solchen Aufeinanderprallen zweier gegensätzlicher Wörter ist die Geschichte „Der Stuhl" des zehnjährigen Robert entstanden (s. S. 69). Eine kurze sonderbare Geschichte, deren Erzählanlass ein alltäglicher Gegenstand, ein Stuhl, war. Aber der Stuhl hat seine Geschichte bekommen, als er auf das Wörtchen „Krümel" stieß.

Erzählen mit geeigneten Bildimpulsen

Die Geschichte von der Uhrenkönigin ist nicht aus der Jacken- oder Hosentasche geholt worden, sondern aus dem Raum, in dem sich die Kinder gerade befanden. Das Spiel beginnt damit, dass mit den Augen die Dinge im Zimmer abgetastet werden. Dann wird sich für einen Gegenstand entschieden. Lisa wählte die Uhr aus, die sie an der Wand des Zimmers hängen sah. Der nächste Schritt war ganz einfach. Lisa brauchte nur den ausgewählten Gegenstand mit KÖNIG oder KÖNIGIN zusammenzusetzen, schon war der Anfang des Märchens da, denn eine ganz besondere, originelle Märchenheldin war gefunden (s. Abbildung oben).

Wie wird aus der Geschichte ein Märchen?

Um aus dem einfachen Geschichtenerzählen zum Erzählen eines klassischen Märchens zu gelangen, müssen ein paar Eigenheiten der Märchenform, insbesondere ihrer Baumuster, bedacht werden. Dabei geht es um wenige, aber gattungsspezifische Besonderheiten.

Die Figuren

Im Märchen gibt es wiederkehrende Figuren, die nur oberflächlich genannt werden und ohne besondere Biografie auftreten. Da heißt es: der König, die Prinzessin, der Koch, die Hexe u. v. a. m. Jeder weiß sofort, was gemeint ist und welche Rolle der jeweiligen Figur zukommt. Die Hexe ist in der Regel die Böse, die Prinzessin das Kind des Königs und der Königin und der König der Bestimmer. Der Koch gehört wie der Gärtner oder die Zofe zum Dienstpersonal am Hof.

Mehr als diese Zuordnung braucht es für das Publikum nicht, schon kann die Figur in das Handlungsgeschehen des Märchens eingeführt werden.

Die Figuren

Der Ort des Geschehens
Klassische Märchenorte sind der Wald, eine Höhle, ein Berg, ein Schloss, aber auch ein Turmverließ, ein Schlafgemacht, ein Hexenhaus. Modernisiert man die Märchenorte, kann er auch der Bauch eines Staubsaugers, der Fahrstuhl in einem Hochhaus oder das Abteil eines Schnellzuges sein.

Die Art des Konfliktes und seine Lösung
Der Konflikt im Märchen ist immer existenziell, es geht ums Ganze, um Tod und Leben. Die Prinzessin wird geraubt, der Bruder in ein Reh verzaubert, die Schwester verliert die Sprache, die Großmutter wird vom Wolf gefressen. Die Lösung des Konflikts ist mit Aufgaben verbunden, die der Märchenheld bestehen muss, die alle seine Kräfte, sein Geschick und seine Klugheit fordern. In der Regel sind es drei Aufgaben, die zu bewältigen sind. Diese gelingen oft mit einer List und mithilfe von Wunderdingen.

Die Wunderdinge, der Zauber
Diese magische Dinge können – äußerlich gesehen – ganz alltägliche Dinge sein: ein Krug, ein Hut, ein Ring, ein Spiegel, ein Pantoffel. Aber mit dem Pantoffel kann der Kleine Muck ganz schnell rennen, der Spiegel spricht die Wahrheit aus und der Hut, einmal aufgesetzt, kann den Helden unsichtbar machen. Das Wunder muss nie erklärt oder begründet werden.

Nehmen wir die Beispiele auf und versuchen, ein Märchen in nur wenigen Sätzen zu konstruieren. Wie können die genannten Alltagsgegenstände in ein märchenhaftes Licht gerückt werden? Das Sprachspiel setzt dabei die Phantasie in Gang (Kohl/Ritter 2010). Das märchenhafte Baumuster soll hier in drei – stark vereinfachten – Schritten ausprobiert werden.

1. Schritt: Den Märchenhelden finden
Man nimmt einen Gegenstand aus dem Raum, indem man gerade ist (oder eben aus der Jacken- bzw. Hosentasche) und setzt ihn mit der Bezeichnung einer Märchenfigur zusammen. Schon entsteht der Anfangssatz eines Märchens, der Held ist erfunden:

Es war einmal ein Taschentuchkönig …
Es war einmal eine Stuhlprinzessin …
Es war einmal ein Kuchenkrümelzwerg …

Die schon gezeigte UHRENKÖNIGIN entstand ebenfalls durch dieses Spiel. Lisa hat weitergeschrieben und sich für ein Zaubermärchen entschieden. Sie lässt einen Zauberer für ihre Königin neue, schöne Uhren zaubern, denn die Königin ist der Meinung, dass sie noch ein paar mehr Uhren für ihr Regal braucht. Als die Uhren da sind, ist das Märchen von Lisa auch schon zu Ende. Sie hat es noch schön illustriert und in einem Leporello festgehalten.

2. Schritt: Die Notsituation finden
Zu wenige Uhren zu haben, ist sicherlich keine besonders dramatische Notsituation, aber als Einstieg ins eigene Märchenerfinden ist dieser Konflikt durchaus brauchbar. Für Lisa war es darüber hinaus schön, ein eigenes Märchen zu gestalten.

Wenn man die Spannung steigern will, kann man versuchen, eine schwierigere, existenziellere Notsituation für seinen Märchenhelden zu erfinden. Wenn man die o. g. Beispiele nimmt,

könnte das so aussehen: *Eines Tages verlor der Taschentuchkönig seinen Kopf; Eines Tages wurde die Stuhlprinzessin schwer krank; Eines Tages wurde der Kuchenkrümelzwerg von einem Fuchs verschlungen; Eines Tages war die kostbarste Uhr der Königin verschwunden, die Uhr, an der das Leben der Königin hing.*

3. Schritt: Das glückliche Ende finden

Wie kann die Notsituation gelöst werden, welche Aufgaben muss der Retter erfüllen, damit alles glücklich endet? Wieder kann das Sprachspiel zu Hilfe genommen und die Figur des Retters damit konstruiert werden. Das könnte dann so aussehen: *Da kam die Brillenfee daher, erblickte den Kopf, der unter das Sofa gerollt war und gab den Kopf dem Taschentuchkönig zurück.*

Da klingelte es an der Tür, der Tischprinz kam herein und übergab der Stuhlprinzessin die richtige Medizin, die sie wieder gesund machte und alles war wieder gut.

Da rief Schneewittchen, die den Kuchenkrümelzwerg gut kannte, den Jäger an, der fand den Fuchs, schnitt ihm den Bauch auf und befreite den Zwerg.

Die Königin ließ im ganzen Land ausrufen, dass Mutige gesucht wurden, die die Uhr zurückholen.

Erzählbilder zum eigenen Erzählen nutzen

Bildkünstlerische Darstellungen – seien es Grafiken, Bilder, Plastiken oder Fotos – können immer dann zum Erzählanlass werden, wenn ihre Darstellungen etwas symbolisieren, das beim Betrachten Assoziationen auslöst und zum Phantasieren einlädt. In vielen Bildern und Fotos kann man in Gedanken spazieren gehen, sie als vorgestellten Raum nutzen und dann ein Geschehen konstruieren, was genau dort, in diesem gemalten, gezeichneten oder fotografierten Raum oder dieser Landschaft geschehen könnte. Es ist wie bei allem kreativen künstlerischen Tun – das Spiel „Was wäre, wenn …" (Kohl/Ritter 2010, S. 30 f.).

Im Unterricht werden häufig Bilder zum Erzählen verwendet, die ein bereits abgeschlossenes Geschehen darstellen, das nur nacherzählt werden soll. Das freie Erzählen aber braucht einen Raum, in dem es assoziieren und konstruieren kann und mit der subjektiv empfundenen Bedeutsamkeit der dargestellten Bildinhalte spielen kann.

Die vorgestellten Erzählbilder nutzen Fotos, die reale oder arrangierte märchenhafte und

zugleich alltägliche Szenarien zeigen. Die Szenarien sind grundsätzlich subjektiv verschieden interpretier- und damit erweiterbar.

Auf den ersten Blick scheint auf den Bildern nicht viel zu sehen zu sein: Zwei Fahrräder, die im Schnee stehen und mit einer Eisschicht bedeckt sind; eine riesige, weiße Wolke am Himmel; zwölf Äpfel auf einer Bank und zwei Puppen, die an einem alten Buch lehnen; ein Rapsfeld im leuchtenden Gelb; ein See mit einem blassen Mond und dem Rand der Berge dahinter.

Unter den Bildern steht jeweils ein Geschichtenanfang (in den Beispieltexten der Kinder jeweils kursiv, s. S. 74). Fügt man Bild und Text zusammen, wird das Bild plötzlich in einen ganz anderen Rahmen gestellt und zur Illustration einer Anfangsszene, von der nicht viel mehr als eben dieser Anfang aufgeschrieben ist. Wie könnte es weitergehen? Was geschieht dann? Das Arrangement von Bild und Text ist eine Einladung, die eigene Phantasie in Gang zu setzen.

Manche Kinder werden schon bei der Betrachtung der Bilder eigene Ideen für Geschichten entwickeln können. Sie brauchen den Text unter den Bildern nicht. Man sollte sie nicht daran hindern, einfach drauflos zu schreiben oder zu erzählen. Insofern ist es sinnvoll, Bilder und Texte zunächst zu trennen und nur den Kindern den Geschichtenanfang zu geben, die ihn wirklich verlangen und denen nicht spontan zum Bild etwas einfällt. Hierbei sollte aber auf keinen Fall gewertet und der Text zur Lernhilfe für vermeintlich Schwache deklariert werden. Es sind grundsätzlich zwei Wege, die beschritten werden können: entweder frei zu assoziieren oder sich auf ein Geschichtenmuster einzulassen, das fortgesponnen werden kann.

Im Download-Bereich zu diesem Kapitel gibt es zwölf Erzählbilder mit Märchenanfängen, die zu einem Kalender zusammengefügt werden können. So hat man die Möglichkeit, in jedem Monat ein eigenes Märchen zu erfinden.

Die Texte bringen Bewegung in die Bilder. Sie fragen nämlich danach, was vor oder nach dem auf den Fotos festgehaltenen Momenten geschehen sein könnte oder noch geschehen wird. Die kleinen Texte sind wie ein Motor, der die inneren Bilder in Bewegung setzten kann. Text und Foto zusammen fordern die Phantasie und die Vorstellungskraft dazu auf, ein Geschehen zu konstruieren. Die Beispieltexte der Kinder zeigen, was für reiche, kräftige und eigenwillige innere

Beispiele von entstandenen Kinderarbeiten zu den Erzählbildern

Märchen vom Mond, dem See und den Bergen

Seit tausend Jahren waren sie beisammen: der See, die Berge und die Insel. Jeden Morgen begrüßten sie sich und jeden Abend wünschten sie sich gute Nacht.

Aber einmal sagte der Mond: „Ich werde der Sonne sagen, dass sie den See verdunsten lassen soll." Am Tag danach war, wie der Mond gesagt hatte, der See verdunstet. Keiner von den Beiden (Berg und Insel) wusste, warum der Mond das wollte. Da sagte der Mond: „Nun, wo der See weg ist, können wir ja Freunde werden." Aber der Berg sagte: „Wenn du nur deswegen den See hast verdunsten lassen ..." „... dann wollen wir nicht deine Freunde sein", sagte die Insel weiter. Der Mond war jetzt sehr wütend und sagte: „Wenn ihr den dummen See wiedersehen wollt, dann müsst ihr ihn holen." Ihn zu holen, war aber ganz leicht. Der Berg kitzelte mit seiner Spitze die Wolken und nach einer Stunde war der See wieder da. Alle waren glücklich (außer dem Mond).

Karl, 4. Klasse

Märchen vom schönsten Gelb

Es war einmal ein Feld mit gelbem Raps. Es sagte zur Sonne: „Wer ist schöner gelb, du oder ich?" Da flog ein Schmetterling vorbei. „Ich bin ein Zitronenfalter!", sagte er. „Mein Gelb ist noch schöner!"

Aber da kam ein gelb geschminkter Mensch. Der sagte: „Mein Gelb im Gesicht ist doch so, so schön." Es wurde Nacht. Das Rapsfeld, die Sonne, der Zitronenfalter und der Mensch stritten immer noch, aber da sagten der Mond und die Sterne: „Ich seid doch alle sehr schön, nun hört doch auf!" Da guckten sie zum Mond und zu den Sternen und sagten, wie aus einem Mund: „Ihr seid so hell, so schön. Ihr seid die schönsten!" Und so wurden der Mond und die Sterne zu Königen gemacht.

Sophia, 4. Klasse

Bilder in ihnen schlummerten. Sie haben sie in ihren Geschichten produktiv machen können.

Reisemärchen – Märchenreise

Um ins Märchenland zu reisen, muss man nicht unbedingt das Zimmer verlassen. Die Reise kann wie ein Spiel inszeniert werden und braucht neben Bastelmaterial hauptsächlich die Wörter aus dem eigenen Kopf und Lust auf einen Ausflug in phantastische, selbst erschaffene Welten. Das nachfolgende Beispiel wurde in einer Schulklasse ausprobiert, kann aber durchaus auch daheim im Wohnzimmer mit der Familie gespielt werden. Stellen wir uns vor, im Haus der Erzähler gibt es einen großen Raum, in dem sich mehrere Kinder aufhalten, die ein Spiel spielen wollen.

März

1	2	3	4	5	6	7	8	9	10	11
12	13	14	15	16	17	18	19	20	21	22
23	24	25	26	27	28	29	30	31		

Die Weltreise

Es war einmal ein sehr altes, schon etwas zerknittertes Buch, das ganz unten im Schrank lag und das eines Tages große Lust bekam, noch einmal in die Welt hinaus zu ziehen. Es hielt seine Seiten ganz fest, holte tief Luft und stieg gegen Abend aus dem Schrank. Der Mond war schon aufgegangen und schickte einen Strahl auf den Dielenboden. Da ist ja die goldene Brücke, dachte das Buch, ach, wie schön, dass es die noch gibt …

Beispiel eines Kalenderblattes

Das Spiel beginnt damit, dass der „Erzählgrund" geschaffen wird. Dieser Begriff ist hier doppeldeutig, denn er meint sowohl, dass ein für die Kinder ausreichender Grund, ein Erzählanlass aufgebaut (man könnte auch sagen „inszeniert") werden muss, als auch eine Erzählfläche, auf der sich die Erzählung dann weiterhin bewegen kann (Kohl 2005, S. 204–207). Der Erzählanlass wird zunächst dadurch geschaffen, dass die Kinder mittels einer Phantasiereise auf eine vorgestellte Reise mitgenommen werden. Bevor sie sich im Stuhlkreis versammeln, treffen die Kinder Reisevorbereitungen. Zum Reisegepäck gehören für jedes Kind ein DIN-A3-Blatt oder ein DIN-A3-Zeichenkarton, Buntstifte, eine Schere, ein Schreibstift, ein Wörterbuch und ein Zettel. Auf den Zettel schreiben die Kinder mindestens 15 Wörter, die von ihrer Bedeutung her Gemeinsamkeiten aufweisen. Das Wörterbuch kann dabei zu Hilfe genommen werden. Vorab muss geklärt werden, was unter Gemeinsamkeiten in der Wortbedeutung zu verstehen ist. Dinge, die man essen oder trinken kann, gehören z. B. zum Wortfeld der schmackhaften Wörter. Eine Sammlung von Pflanzen, Blumen, Bäumen sind blühende, wachsende oder auch botanische Wörter. Hexe, Rapunzel, Schloss, Zwerg oder Drache gehören zu den Märchenwörtern. Die Kinder sollten selbstständig ein Wortfeld auswählen, das sie gern zusammenstellen möchten (die Varianten werden weiter unten genannt). Der Zettel mit den aufgeschriebenen 15 Wörtern

Beispiele märchenhafter Inseln

gehört unbedingt zum Reisegepäck. Ohne ihn kann die Reise nicht losgehen. Warum das so ist, wird zu diesem Zeitpunkt nicht verraten, was die Sache geheimnisvoll macht und die Spannung und damit Konzentration der Kinder erhöht. Das Wörtereinsammeln und Aufschreiben braucht etwas Zeit, die man vorab planen sollte. Dann kann es endlich losgehen. Man setzt sich mit den Kindern in einen Stuhlkreis und beginnt zu erzählen:

Eines Tages – es regnet, es ist windig, es will gar nicht hell werden – denke ich: Ich muss fort. Jetzt gleich. Ich packe meinen Rucksack, gehe aus der Wohnung, die Straße hinunter, zum Hafen. Dort liegt schon das Schiff. Oh, was für ein schönes Schiff mit großen Segeln!

Ich laufe die Reling hoch, betrete meine Schiffskabine. Das Schiff fährt aus dem Hafen, auf das Meer hinaus. Wir fahren einen Tag, einen zweiten Tag, einen dritten Tag. Um uns ist nur noch das Meer, über uns der Himmel ohne eine einzige Wolke. Ich döse ein bisschen im Liegestuhl. Als ich die Augen wieder öffne, sehe ich am Horizont Land. Ist es eine Insel? Oder der Küstenstreifen eines fremden Landes? Ich hole mir ein Fernglas und sehe hindurch …

An dieser Stelle wird ein Fernglas angedeutet, die Kinder tun das Gleiche. Wie könnte sie aussehen, die Insel? Hat sie flache, sandige Strände mit Baumwipfeln dahinter oder brandet das Meer an steile Klippen? Wenn man das Land betreten würde, gibt es Wege? Wohin führen sie? Was liegt hinter dem Wald? Wie weit ist es bis zur nächsten Stadt?

Das Gespräch darüber wird in eine konkrete Gestaltungsaufgabe übergeleitet. Die Kinder bekommen die Aufgabe, die Umrisse einer Insel zu zeichnen, die mitten im Meer liegt. Die Fläche soll die Landkarte der Insel darstellen. Da es eine ganz besondere Insel werden soll, tragen auch die Flüsse und Wälder, die Straßen und Städte besondere Bezeichnungen. Auf einer Märcheninsel könnte es z. B. eine Wunderwiese, einen Hexenwald, ein Zwergendorf, einen Goldbach etc. geben. Diese Begriffe entstehen mithilfe eines einfachen Sprachspiels: Ein Wort aus dem vorab gesammelten Wortfeld wird mit einer topographischen Bezeichnung zusammengesetzt.

Für die Wortfelder bieten sich sehr viele Varianten an. Originell sind Inseln, deren Namen alle mit dem gleichen Buchstaben beginnen. Eine „Buchstabeninsel" ist noch wirkungsvoller, wenn die Umrisse der Insel die Hohlform des betreffenden Buchstabens erkennen lässt. Die Tierinsel gleicht einem Hundekörper oder einem Kamel, die schmackhafte Insel hat die Form einer Tasse oder eines großen Tellers, die Blumeninsel das Gesicht der Blume.

Wenn die Kinder ihre Landkarte fertiggestellt haben, sollte auf eine Vorstellung der gestalteten Werke nicht verzichtet werden. Wenn der Klassenraum groß genug ist, können die Karten in die Mitte des Stuhlkreises gelegt werden. In der Regel wird der Platz aber nicht ausreichen, um alle Karten auszubreiten. Wenn die Schule einen Flur hat, der von den Kindern eine Weile ungestört genutzt werden kann, können alle Karten auf dem Fußboden angeordnet werden. So entsteht eine riesige, neue Weltkarte mit lauter Inseln, zwischen denen ein Inselspringen versucht werden kann. Wie soll die Reiseraute verlaufen? Von der „schmackhaften Insel" zur „Insel der Spielzeuge" und weiter auf die „Herbstinsel" oder von einer zur anderen „märchenhaften Insel"?

Das Erzählspiel, bei dem alle Kinder ihre selbstgestalteten Inseln nutzen können, kann gut im Sitzkreis organisiert werden. Die Kinder halten ihre gestaltete Insel auf dem Schoß. Der Spielleiter eröffnet das Spiel, indem er eine kleine Figur auf die Reise schickt. Am besten eignen sich kleine Holztiere, die nicht größer als ein Handteller sind oder eine der im Spielzeughandel erhältlichen Tierfiguren aus Hartgummi bzw. Plaste.

Der Erzählanfang kann so aussehen: *Es war einmal ein Pferd, das hatte keine Lust mehr, immer im Stall zu stehen. Es wollte auch einmal die weite Welt sehen und zog los. Nach sieben Wochen kam es auf die Märcheninsel und machte Rast.*

Das Spielzeugtier wird von dem Spielleiter auf die Karte eines Kindes gesetzt. Das Kind muss an dieser Stelle den Erzählfaden aufnehmen. Es soll nun erzählen, was das Tier an dieser Reisestation erlebt. Danach gibt das Kind die Figur an seinen Nachbarn weiter, dieser setzt das Tier auf eine Stelle seiner eigenen Karte und fährt in der Erzählung fort. Auf diese Weise wird das Tier im Stuhlkreis immer weitergegeben und jedes Kind hat die Möglichkeit, eine Station seiner eigenen Landkarte vorzustellen und in Beziehung zu der Reise des Tieres zu setzen. Ein gemeinsam erzähltes Reisemärchen entsteht.

Wenn man Landkarten wie diese hier gezeigten für das Erzählspiel mit Kindern verwendet, dann wird eigenes Märchenwissen auf spielerische und kreative Weise genutzt.

Märchenhafte Landkarten

Märchenworte	geographische Begriffe
Gänsehirtin, Glück	Dorf, Anhöhe
Rapunzel, Schloss	Stadt, Kreuzung
Krone, Zwerg	Bach, Pfad
Zepter, Riese	Weg, Tal
Ring, Spindel	Küste, Gebirge
Spiegel, Brunnen	Straße, Schlucht
Wunder, Kugel	Wald, See
Glas, Stern	Moor, Hochland
Zauber, Schlaf	Sumpf, Tunnel
Hexe, Goldmarie	Fluss, Bucht
Prinzessin, Wunsch	Feld, Wiese
Fee, Hochzeit	Ebene, Lichtung

Die märchenhaften Landkarten könnt ihr zum gemeinsamen Erzählen nutzen. Ihr braucht eine kleine Spielfigur, z. B. einen Hund. Mit diesem Erzählanfang kann es losgehen:
Es war einmal ein Hund, dem war es sehr langweilig zuhause. Eines Morgens zog er los. Am Mittag erreichte er schon die SCHLOSSBRÜCKE.
Beim Erzählen wird die Figur immer weiter gereicht. Jeder Mitspieler setzt sie auf eine bestimmte Stelle der Landkarte und erzählt, was dem Hund auf seiner Reise dort passiert.

Zum Downloaden und Ausprobieren

- Erzählkalender mit Märchen
- Märchenhafte Landkarten

Das Märchen Rapunzel (Marie Luise, 4 Jahre)

tigt. Marie Luise hält auf dem Papier fest, was ihr für das Märchen Rapunzel wichtig erscheint. Sie zeichnet mit Glitzerstiften, die ihr besonders gefallen. Ihre Mutter hat auf die Zeichnung das Datum geschrieben und notiert, was zu sehen ist: Schloss, Rapunzel, Turm, die Tür, böse Stiefmutter. Auf einer zweiten Zeichnung hat die Vierjährige eine gute Fee, einen Baum und ein

Der dicke König (Paul, 9 Jahre)

Der Spiegel der Königin (Anne, 8 Jahre)

Beispiele für Schlossbücher

kleines Vogelhaus gezeichnet. Das Vogelhaus kennt Marie Luise nicht aus den Märchen, aber wenn sie aus dem Fenster schaut, sieht sie es im Garten und es beschäftigt sie, weil sie darauf wartet, dass die Vögel endlich kommen und sich das Futter holen.

So verbinden sich Alltagswirklichkeit und Kunstwirklichkeit ganz selbstverständlich – wie es ja auch im Märchen geschieht, wo Reales und Wunderbares gleichberechtigt nebeneinander stehen.

Die Gestaltungslust der Kinder lässt sich unterstützen, indem ihnen Buchformen gezeigt werden, die sie individuell nutzen und in denen sie ihren Erfindungen eine bleibende Gestalt geben können, z. B. das „Schlossbuch". Diese Buchform entsteht aus einem DIN-A4-Blatt (oder einem längs halbierten DIN-A4-Blatt, einem Streifen), in dem es halbseitig zusammengefaltet wird. Mit Schere und Buntstift entsteht dann eine schöne, immer ganz individuelle Schlossfassade. Im Inneren des Faltbuches ist Platz für das selbstgeschriebene Märchen.

Die Buchform des Leporellos bietet sich besonders für die Gestaltung gegliederter Szenen an. Im Miniaturformat entstehen so z. B. wundersame Märchenschachteln, die sich als besondere Geschenke verwenden lassen oder die man als Erzählschachteln für Kindergruppen schon im Vorschulalter nutzen kann. Als Schachteln eignen sich größere Streichholzverpackungen.

Märchen in der Streichholzschachtel

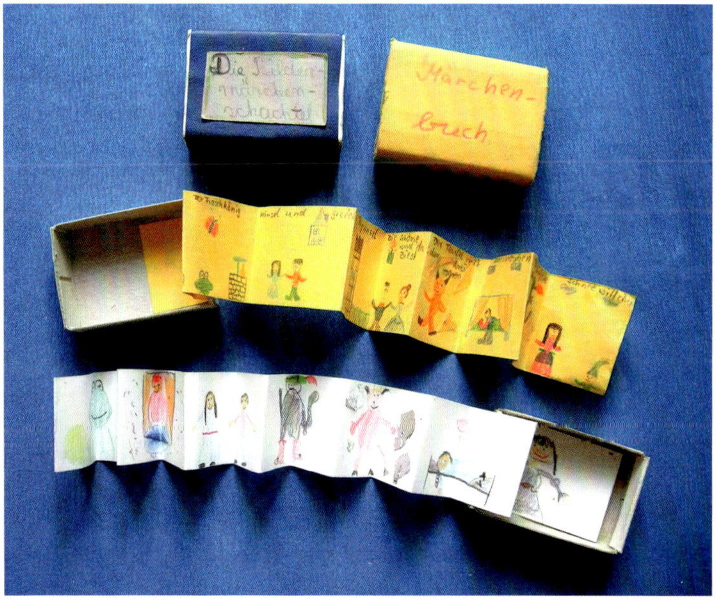

Was ist hier los?

„Rotkäppchen“, sagte die Mutter, „Geh doch mal zu deiner Oma!“ „Mutti, aber ich weiß nicht, wo sie wohnt.“ „Das ist ganz leicht, du gehst zu dem Friseursalon, dann erklärt meine Kollegin, wie es weiter geht.“ Rotkäppchen ging zur Friseurin. Da kommt Mamas Kollegin. Sie sprach mich an: „Ah, du bist das Mädchen von meiner Kollegin! Ich sage dir, wie der Weg zu deiner Oma geht, also du musst den gemusterten Weg gehen, dann siehst du ein Hochhaus, du musst in den vierten Stock gehen.“ Dann ging Rotkäppchen den gemusterten Weg, danach kam sie am Hochhaus an. Sie ging in den vierten Stock. Sie sah ihre Oma erstaunt an: „Oma, wie siehst du denn aus?“ Die Oma hatte tausende von Warzen und Kratzer überall. Rotkäppchen ging an ihre Oma heran und sah sie von nahem an und wusste, dass das eine Maske war. Plötzlich riefen alle: „Überraschung! Alles Gute zum Geburtstag!“ „Omi, wieso hast du 'ne Maske auf?“ „Huch, das habe ich ja fast vergessen, ich wollte dir die Maske vom Wolf schenken, damit du mir immer Angst machen kannst.“

Antonina, 4. Klasse

Rotkäppchen

Eines Tages sagte die Mutter zu Rotkäppchen: „Kannst du Oma besuchen? Ich habe nämlich Plätzchen gebacken. Und hole am Kiosk bitte noch Omas Lieblingszeitung!“ Rotkäppchen antwortete: „Ja, Mama, das mache ich. Ich habe Oma sowieso lange nicht mehr gesehen.“ Also ging Rotkäppchen los. Die Plätzchen packte sie in eine Plastiktüte. Gleich danach stieg Rotkäppchen mit der Plastiktüte in der Hand die Treppe herunter. Als sie draußen war, bog sie gleich in die Meierstraße ein. In der Meierstraße stieg sie in die Straßenbahn. Nach der achten Haltestelle stieg Rotkäppchen aus. Bis zu der Straße, in der ihre Oma wohnte, musste sie laufen. Da kam sie am Kiosk vorbei. Am Kiosk kaufte Rotkäppchen die Zeitung von ihrer Oma. Weil sie noch etwas Geld übrig hatte, kaufte sie sich noch eine Packung Kaugummi. Danach ging sie weiter zu ihrer Oma. Da sah Rotkäppchen einen Wolf. Sie wusste aber noch nicht, dass Wölfe fast immer Böses im Schilde führen. „Wohin des Weges?“, fragte der Wolf neugierig. „Ich gehe zur Oma und bringe ihr Kuchen und eine Zeitung.“ „Aha!“, sagte der Wolf. „Hab ich vergessen zu erwähnen, dass die Kekse in dem neuen Supermarkt besonders lecker sein sollen?“, sagte der Wolf listig. Also ging Rotkäppchen in den Supermarkt. In der Zwischenzeit eilte der Wolf zur Oma. Rotkäppchen hatte sich nämlich verplappert und dem Wolf erzählt, wo die Oma wohnte.

Als der Wolf bei der Oma ankam, fraß er sie gleich auf. Kurz danach tauchte Rotkäppchen auf. Die verschlang er aber auch kurzerhand. Weil der Wolf aber so laut schnarchte, hörte es der Hausmeister. Der Hausmeister ahnte nicht, dass der Wolf die Oma und Rotkäppchen verschluckt hatte. Weil der Hausmeister und der Wolf sich gut verstanden, schenkte der Hausmeister dem Wolf Schnupftabak. Als der Wolf Schnupftabak nahm, nieste er Rotkäppchen und ihre Oma aus. Als die beiden erzählten, was der Wolf getan hatte, wurde der Hausmeister sauer und verscheuchte den Wolf. Danach aßen sie zu dritt die Plätzchen und lasen Zeitung.

Helene, 4. Klasse

Dritte Werkstatt: Märchen umkehren und verdrehen

Dieses Spiel, sagt Rodari, ist ein ernsthaftes Spiel. Aber man muss es im richtigen Augenblick spielen. Lange Zeit wollen die Kinder ein Märchen mit genau denselben Worten wiedererzählt bekommen, wie beim ersten Mal. Sie freuen sich darüber, etwas wiederzuerkennen. Alles soll sich auf den gewohnten Gleisen vorwärts bewegen und die Welt damit überschaubar und in Ordnung sein. Aber später, wenn sie lange genug damit vertraut gewesen waren, kann es ihnen

Es war einmal ein Mädchen, das hieß Gelbkäppchen.
Nein, Rotkäppchen!
Ach ja, Rotkäppchen. Da ruft der Vater also …
Nein, nicht sein Vater, die Mutter.
Ach ja. Sie ruft es und sagt zu ihm: Geh zur Tante Rosalinde und bring ihr …
Geh zur Großmutter, hat sie Rotkäppchen gesagt, nicht zur Tante! Und so weiter …
(Rodari 1992, S. 53).

Dornklößchen. Ein Märchen für Jungs

Es war einmal ein Junge, der hieß Dornklößchen. Er wurde gerade ein Jahr alt. Diesen Geburtstag musste man natürlich auch feiern. So wurden alle zwölf Polizeiminister eingeladen. Der erste Polizeiminister schenkte Dornklößchen Handschellen, der zweite ein Polizeiauto, der dritte ein Polizeiministerhandbuch und so weiter und so fort. Es gab auch noch einen 13. Polizeiminister; der war total lieb und schenkte dem kleinen Prinzen einen Luxusurlaub im Gefängnis. Doch erst an seinem 16. Geburtstag konnte er dieses Geschenk einlösen. 15 Jahre später packte Dornklößchen also seine Sachen und rülpste vor Vorfreude. Aber die anderen freuten sich nicht darauf, weil er seinen Benimm-Unterricht durchführen sollte. Da kamen plötzlich drei Gangsterfeen. Die erste wünschte ihm Stärke, die zweite wünschte ihm Größe und die dritte, die wünschte ihm, dass er ein Mädchen wird, damit er klug, schön und elegant werde. Es gab einen großen Knall und schon stand ein atemberaubendes Mädchen vor ihnen. Fortan nannte man Dornklößchen Dornröschen. So entstand das bekannte Märchen vom Dornröschen.

Melissa, 10 Jahre

100 Jahre Ohnmacht

Es war einmal eine Königstochter, die eine rote Kappe besaß. Deswegen nannten sie alle Rotkäppchen. Eines Tages rannte Rotkäppchen (weil der König sie beschimpft hatte) in den Wald und warf ihre Kugel weit weg. Es raschelte in den Büschen und ein Hund trat heraus. Er war sehr wütend. Der Hund sagte „Wer schleudert Kugeln durch den Wald?" Die Königstochter erschrak und fiel in Ohnmacht. Ein Dornenwald wucherte aus der Erde und umgab die Königstochter. Nach 100 Jahren kam ein Prinz. Als er den Dornenwald rund geschlagen hatte, sah er die Königstochter. Er kitzelte sie an den Füßen und sie wachte auf. Sie bedankte sich und ging heim. Der Prinz ging in die andere Richtung. Ende

Lenhard, 3. Klasse

Spaß machen, die Welt – um mit Rodaris Bild zu sprechen – auf ein anderes Gleis zu setzen und zu beobachten, was dann passiert. Für dieses Spiel, das Erproben von Parodien, müssen die Kinder alt und in gewisser Weise erfahren genug sein. Die alten Spielzeuge müssen ein stückweit abgenutzt, verbraucht sein, meint Rodari, so dass jetzt durchaus ein neues Spiel beginnen darf. Durch dieses Spiel allerdings wird das Interesse am alten Gegenstand – dem bekannten Märchen – noch einmal neu entfacht: „Die Kinder spielen nicht mehr so sehr mit Rotkäppchen als mit sich selbst: Sie fordern sich heraus, der Freiheit ohne Angst zu begegnen und gewagte Verantwortungen zu übernehmen" (ebd. S. 54). Dieses Spiel könne dem Kind sogar helfen, manche alten Ängste loszuwerden, weil es nicht mehr auf sie fixiert ist. Dadurch wird der Wolf entdramatisiert, das Ungeheuer kann man beschimpfen und die Hexe lächerlich machen. Das Spiel zeigt eine deutlichere Grenze zwischen der Welt der wirklichen Dinge – in der bestimmte Freiheiten nicht möglich sind – und der Welt der phantastischen Dinge (vgl. ebd.).

Und noch einen Vorzug hat dieses Spiel für die Kinder. Wer Märchen parodieren will, muss Märchen gut kennen. Nur dann lassen sich die Stellen, die das Märchen charakterisieren und seine Besonderheit ausmachen, sicher bestimmen. Dieses Zergliedern, Umkehren und neu Zusammensetzen sind höchst anspruchsvolle Operationen und eine intellektuelle Herausforderung.

Vierte Werkstatt: Märchen zum Riechen und Schmecken

Gianni Rodari stellt bei dieser Anregung eine besondere Märchenfigur vor, das Glasmännlein (vgl. ebd. S. 85 f.). Ein Männlein, das ganz und gar aus Glas besteht, müsste sich vorsichtig bewegen, um nicht anzustoßen und zu zerbrechen. Vielleicht wäre das Männlein sogar durchsichtig und man könnte die Gedanken in seinem Kopf sehen? Dann dürfte es nicht lügen, ohne dass man seine Lügen sofort bemerken würde. Das Glasmännlein kann nur entsprechend der Gesetze der Materie, aus der es besteht, handeln. Also ist ein wesentlicher Baustein für ein zu schreibendes Märchen, in welcher der Held ein Glasmännlein ist, bereits gesetzt. Die Figur hat bestimmte Eigenschaften, die sein Handeln prägen und damit auch den Verlauf der Geschehnisse beeinflussen. Ist eine Figur einmal vorgegeben, können ihre Abenteuer logisch aus ihren Wesenszügen abgeleitet werden. Das erscheint reizvoll, wenn man überlegt, wie viel unterschiedliche Materien es gibt, aus denen eine Gestalt gemacht sein könnte. Rodari schlägt den Mann aus Eis oder aus Butter vor, der nur im Kühlschrank überleben kann, weil er sonst zerfließen würde und er denkt über eine Gestalt aus Marmor, Stroh, Schokolade oder Mandelteig nach. Im Folgenden wurde die Idee Rodaris für einen sprachspielerischen Einstieg genutzt und auf andere Bausteine von Märchen wie Orte oder Handlungsgeschehen übertragen (s. a. Kohl 2012).

- **Einstieg**
  Um die Worte im eigenen Kopf ein wenig anzuwärmen und damit geschmeidiger zu machen für das zu schreibende Märchen, empfiehlt sich für den Anfang ein Spiel mit den Wortbedeutungen. Die Kinder werden gebeten, möglichst viele Worte zu notieren, die etwas Essbares oder Trinkbares bezeichnen. Ihr Lieblingsessen oder Lieblingsgetränk sollte auch dabei sein. So entsteht ein Wortfeld, das essbare und trinkbare Dinge bezeichnet. Eigentlich gehören solche Worte in die

Neue Märchenhelden, die man riechen und schmecken kann

Küche oder an einen Esstisch. Hier werden sie für Wortschöpfungen benutzt, die man in einem Märchen gebrauchen kann. Dazu müssen die Worte nun in einen fremden Kontext gestellt werden, der ihre ursprüngliche Wortbedeutung irritiert und ein Feld für Experimente um Sinn und Unsinn eröffnet. Die Bezeichnungen für ess- und trinkbare Dinge werden zu Eigennamen einer Märchenfigur gemacht. Der Figur erhält außerdem einen Vor- und Familiennamen, der jeweils mit dem gleichen Buchstaben beginnen soll wie das entsprechende Essen oder Getränk. Ist das Lieblingsessen süßer Milchreis, entsteht auf diese Weise z. B. der „Milchreiskönig Malte Milchreis“. Aus dem Wort Weintraube wird die „Weintraubenprinzessin Wera Weintraube“. Die Kinder schreiben und malen die „schmackhaften neuen Märchenfiguren“ auf kleine, farbige Notizzettel. Diese schmücken dann als großes Poster die Wand des Kinder- oder Klassenzimmers.

- **Schreibanregung**

Ein Milchreiskönig hat möglicherweise ein ganz eigenes Transportsystem für die viele Milch, die er zum Reiskochen benötigt. Zimt und Zucker dürfen in einer Küche nicht fehlen, jährlich gibt es spannende Milchreiskochwettbewerbe. Die Weintraubenprinzessin liebt die lila Farben der Trauben und das Grün der Weinstöcke, es gibt Weinberge bis zum Horizont und nach der Weinlese im Herbst werden üppige Feste gefeiert.

Solche Überlegungen ergeben sich logisch aus der Materialität des gesetzten Namens, hier ist Vorwissen vorhanden, das eingesetzt werden kann. Wie riecht es denn im Schloss des Königs oder der Prinzessin? Welche Düfte kitzeln die Nase und verströmen im Raum? Die Geschmacksnerven werden aktiviert: Milchreis ist süß und klebrig auf dem Gaumen, Weintrauben sind saftig und zerplatzen auf der Zunge. Die Worte, kaum ausgesprochen und genannt, machen sinnliche Einddrücke wach, die natürlicherweise assoziiert und erinnert werden. Deshalb sage ich zu diesem Schreibspiel gern, dass wir Märchen erfinden wollen, die man riechen und schmecken kann. Wenn der mithilfe des Sprachspiels gefundene Name des Helden den Kindern als Schreibimpuls genügt, kann mit dem Märchenerfinden begonnen werden. Die Figur ist der Ausgangspunkt, die Handlung kann sich aus der Eigenart des Materials ebenfalls speisen. Es kann aber auch versucht werden, den gesamten Ort des Geschehens unter das Diktat der ungewöhnlichen Materie zu stellen. Wie sieht es aus, das Schloss aus Zucker oder die Burg aus Hasenfell? Die kleine Gerda aus Andersens Märchen der „Schneekönigin“ musste ins Schloss der Schneekönigin, um ihren Freund zu erlösen. Es war bitterkalt und sehr gefährlich dort. Hänsel und Gretel knabberten an einem Haus auf Pfefferkuchen und Schokolade. Auch in der Geschichte vom „Schlaraffenland" oder dem „Märchen vom süßen Brei" finden sich Motive, die die Geschmacksnerven anregen und Appetit machen können. Anne, 9 Jahre, hat ein Königreich erfunden, in dem alles aus Pfeffer ist. Aber sie verrät nicht, wie der pfeffrige Fluch aufgehoben werden könnte. Die Lösung des Rätsels überlässt sie den Lesern, was ihrer Geschichte einen zusätzlichen Reiz verleiht.

Für die Kinder, die gern mit einem Erzählrahmen schreiben wollen, empfiehlt sich der nachstehende Geschichtenanfang. Die Personen, die hier mitspielen, muss man tatsächlich mit der Nase suchen. Auf dem Tisch stehen drei Kästchen, in denen jeweils andere getrocknete Kräuter verborgen sind. In dem ersten riecht es nach den Blüten des Lavendelkrautes, in dem zweiten nach Pfefferminze und im dritten duften die Stängel einer getrockneten Vanilleschote. Jedes Kästchen gehört zu einer der drei Königinnen, von denen der Märchenanfang erzählt. Und der geht so: *Es war einmal hinter sieben mal sieben Bergen und weit über alle Meere und dann noch mal durch zwölf finstere Wälder hindurch bis zu einem Land, in dem drei Königinnen lebten. Die erste hieß … und wohnte in einem Turm, zusammen mit ihrem schwarzen Schaf und vielen anderen Tieren. Die zweite hieß … und wohnte in einem Schloss mit siebundzwanzig Fenstern. Die dritte aber lebte tief im Wald in einem alten Baumhaus, und niemand wusste mehr ihren Namen. Wenn man die Königinnen besuchen wollte, brauchte man nur der Nase lang zu laufen. Jedes der drei Königreiche hatte einen ganz besonderen Duft.*

Das Königreich aus Pfeffer

Es war einmal ein Königreich, das war ganz aus Pfeffer. Immer, wenn jemand zu Besuch kam, bekam er einen schlimmen Hustenanfall und hatte für immer Heuschnupfen. Wenn aber der erstgeborene Prinz einer Königsfamilie die Prinzessin des Königreichs aus Pfeffer küssen würde, wäre der Fluch aufgehoben. Eines Tages kam der Müllersjunge des Weges und wollte den Fluch aufheben. Er küsste sie und das ganze Reich war aus purem Gold.
Alle fragten sich, wie das geschehen konnte. Sie guckten im Buch der sieben Regeln nach und dort stand es so, wie sie es dachten. Sie guckten in der Bücherei nach. Dort stand es so, wie es war. Aber wie war es?

Anne, 9 Jahre

Fünfte Werkstatt: Die Leerstellen im Märchen

Jede Geschichte und jedes Märchen ließe sich, wenn es zu Ende ist, noch weitererzählen. Was passiert denn nach der Hochzeit der Prinzessin mit dem Königssohn? Wie leben sie die nächsten zehn Jahre, was geschieht danach, später oder auch nebenbei? In jedem literarischen Text gibt es Stellen, an denen etwas ausführlicher erzählt, einem Nebenstrang der Handlung gefolgt werden, eine andere Person deutlicher hervorgehoben werden könnte.

Nicht nur Janosch hat die Märchen der Brüder Grimm neu und anders erzählt (Janosch 2013), viele Autoren und Bilderbuchkünstler haben sich der Veränderung und Umdeutung der alten Märchen gewidmet, nur drei Beispiele sollen hier genannt werden:

Grimm: „Der Froschkönig"	F. K. Waechter: „Mondtücher"
Grimm: „Rotkäppchen"	R. Innocenti / A. Frisch: „Das Mädchen in Rot…"
Grimm: „Die Bremer Stadtmusikanten"	J. Müller / J. Steiner: „Der Aufstand der Tiere oder die neuen Stadtmusikanten"

Ich habe in meinem methodischen Material (Kohl 2007) unterschiedliche Verfahren genutzt, um den kreativen, spielerischen und produktiven Umgang mit Märchen anzuregen. Alle Vorschläge im Material beziehen sich dabei immer auf die Kinder- und Hausmärchen der Brüder Grimm. Es gibt Anregungen, Fortsetzungen der alten Märchen zu schreiben, Märchen umzudeuten, die Baumuster von Märchen zu nutzen, bestimmte Motive zu übertragen, Erzählrahmen aufzuspannen, Märchen „zu reparieren" und (vermeintliche) Leerstellen zu füllen.

Eine solche Leerstelle könnte beispielsweise das Hochzeitsfest sein, mit dem das Märchen von Schneewittchen endet. Es wird nämlich nicht erzählt, wer alles zu dem Fest eingeladen war und getanzt, gegessen und getrunken hat. Waren vielleicht auch die sieben Zwerge auf dem Fest, hatte Schneewittchen ihnen eine Einladung geschickt? Was haben sie ihr für Geschenke mitgebracht? Jeder wollte bestimmt etwas ganz Besonderes schenken. Und vielleicht hat der siebente Zwerg ihr das Tagebuch geschenkt, das er über die Zeit, die sie bei ihnen im Wald war, geführt hat.

Was steht denn in diesem – angenommenen – Tagebuch? Aus der Leerstelle entwickelt sich so gleich die nächste, die zu einem vergnüglichen Schreibanlass genutzt werden kann.

Sechste Werkstatt: Märchenhäuser

Erfindungen beginnen niemals im Nichts. Sie sind Umbildungen oder Weiterbildungen oder Hinzufügungen zu schon Vorhandenem. Neue Märchen entstehen, weil es alte gibt. Ihre Grundmuster werden variiert, verändert, weitergesponnen. Immer ist wie ein Fadenkreuz ein altes Muster unter dem neuen, manchmal fühlt man eher als man erkennt, was da an Vertrautem durchschimmert und sich auf der alten Erzählfläche als neuer Erzählfaden bildet.

Wenn Kinder Märchen erfinden, dann kann man sicher sein, dass sie schon Märchen kennen. Das eigene Erfinden und Schreiben von Märchen geschieht eigentlich immer in enger, aber oft unbewusster Verbindung mit dem Märchenwissen. Die Spuren der Märchenlektüre sind in den eigenen Märchen der Kinder unschwer zu entdecken.

Der **Einstieg** ist folgendermaßen: Die Kinder sitzen im Sitzkreis, vor ihnen steht – als stummer

Die sieben Märchenhäuser

Die Bremer Stadtmusikanten

Zwerge aus „Schneewittch und die sieben Zwerge“

Impuls – ein kleines, bewegliches Reihen-Holzhäuschen. Sieben Hauseingänge sind erkennbar. Die Häuser können so auf- und zugeklappt werden, dass sie sich ständig zu verändern scheinen. Kann das Haus laufen? Ist es ein Zauberhaus? Das Haus könnte auch durch ein anderes Spielzeughaus ersetzt werden, wichtig ist nur die Anwesenheit des Hauses als Symbol.

Mit diesem kleinen, zunächst auch wortlosen, Spiel, dem Hantieren mit dem Häuschen, wird ein magischer Moment inszeniert. Die Kinder sollen neugierig und ihre Erwartungen geweckt werden. Das Interesse der Kinder wird darauf gerichtet, sich ein besonderes Haus vorzustellen.

Dann setzt die **Erzählung** ein, die zugleich auch die Rahmenerzählung für die zu erfindenden eigenen Märchen ist: *In diesen Häusern wohnt nicht irgendjemand (ein Mann, eine Frau, ein Kind, eine Katze, ein Hund). In diesen Häusern gibt es ganz besondere Bewohner. Ich klopfe an der ersten Haustür. Eine alte Frau macht mir auf, hinter ihr steht ein kleines Mädchen, es hat ein rotes Mützchen auf. Wer ist das wohl? Ich klingle an der zweiten Haustür. Ein Esel macht mir auf. In der Wohnung sind noch mehr Tiere: eine Katze, ein Hund, ein Hahn. Wer ist das wohl? Die dritte Haustür wird mir aufgemacht. Zwei kleine Zwerge begrüßen mich freundlich. Die kenne ich doch.*

Die Rahmenerzählung wird nach dem Erraten der Märchen fortgesetzt. Wer könnte in den anderen Häusern wohnen? Offenbar handelt es sich ja um ganz besondere Häuser, um Märchenhäuser!

Unter einem Tuch versteckt liegen mögliche märchenhafte Bewohner der anderen Häuser.

Drei kleine Mäuse

Das Baumtier
: den Knöpfen

Das Zwergenmädchen:
die Schwester der
sieben Zwerge?

Außerdem steht eine Kiste mit alten und neuen Märchenwörtern, bereit (s. Beispiele S. 92).

Siebte Werkstatt: Märchen zum Zusammenbauen

Dieses Spiel lässt sich sehr gut am Frühstückstisch mit der ganzen Familie (dann wird es ein Erzählspiel und nur mündlich gespielt), beim Kindergeburtstag oder in der Schule im projektorientierten Unterricht spielen. Den Begriff „Zusammenbauen" benutze ich mit Absicht. Ich deute damit an, dass es schon etwas gibt, nämlich Bauteile, die verwendet werden können. Damit wird das Schreiben ein handwerklicher Vorgang, auf den sich jeder einlassen kann. Kinder bauen gern etwas zusammen und zerlegen etwas in Einzelteile. Der Vorzug der Märchen als Gattung ist, dass sie tatsächlich aus bestimmten, immer wiederkehrenden Bauteilen bestehen.

- **Einstieg**
  Vor den Kindern in der Mitte des Stuhlkreises liegt ein zusammengeknotetes, großes Bündel. Obendrauf thront ein kleiner König. Der König wartet auf sein Märchen. Ist das Bündel aufgeknotet, erscheinen darin zwölf ebenfalls verschlossene Bündel. Jedes der kleinen Bündel ist in die gleiche Papierserviette verpackt. Das hat einen Grund. Die Serviette, genauer gesagt das Muster der Serviette, soll in dem Märchen auch mitspielen. Was ist im Inneren der Bündel versteckt? Ich behaupte: zwölf Märchen zum Selbst-Zusammenbauen (Kohl 2010). Der Anfang des Märchens, in dem der kleine König mitspielt, geht so: *Es war einmal ein alter König, der wohnte am Ende der Welt in einem Schloss mit sieben Türmen, einem großen Park und einem See mit Wildenten. Jeden Morgen lief er mit seinem kleinen Hund durch den Park, dann frühstückte er, las die Zeitung, telefonierte ein wenig und ging dann in sein Arbeitszimmer. Eines Morgens, als er gerade ein Stück Zucker in seine Kaffeetasse werfen wollte, klopfte es an der Schlosstür. Es klopfte sehr laut. Der König öffnete und vor ihm stand …*

Nun können die kleinen Serviettenbeutel geöffnet werden, denn darin befinden sich die „Aufgaben" für den kleinen König, mit denen er sich

Beispiele entstandener Kindertexte zur sechsten Märchenwerkstatt

Die drei Mäuse

Es waren einmal drei Mäuse. Die hießen Emma, Erika und Anna. Jede Maus konnte etwas anderes. Emma konnte die Wand hochklettern und auf dem Kopf laufen und war sehr schlau. Erika konnte etwas sehr ungewöhnliches, nämlich durch Wände gehen. Und Anna konnte fliegen. Sie alle drei waren Abenteurer. Einmal gingen sie durch ein Portal und kamen in eine Knöpfewelt. Dort folgen und rollten Knöpfe. Da sahen sie ein Labyrinth. Emma kletterte an einer Seite vom Labyrinth hoch und lief kopfüber einfach durch. Erika ging einfach durch die Labyrinthwände und Anna flog darüber. Nach dem Labyrinth kamen sie an ein Katzengehege. Eine vierte große Maus rettete sie in dieser Situation und sie gingen wieder zurück durch das Portal.

Martin, 3. Klasse

Die drei mutigen Mäuse

Es waren einmal drei Mäuse, die hießen Emma, Erika und Anna Luise. Alle Mäuse der Wohnung waren ausgegangen. Nur Emma, Erika und Anna Luise waren noch da. Sie durften nicht raus, weil die Katze lauerte. (Alle anderen Mäuse kannten einen Geheimgang.) Die drei Mäuse guckten aus dem Mauseloch, ob die Katze bald weglaufen würde. Und sie hatten Glück, bald war die Katze weg. Schnell liefen sie aus ihrem Haus heraus und entdeckten ein Stück Käse. Dann entdeckten sie auch noch drei Knöpfe. Rasch brachten sie den Käse in ihr Haus und holten ganz schnell die drei Knöpfe. Sie fanden noch ein Seil und drei Stöcke. Dann kam die Katze mit einem Stück Käse zurück. Damit wollten sie die Mäuse aus ihrem Haus locken. Die Mäuse bastelten mit dem Seil und den Knöpfen Schutzschilde. Die drei Mäuse gingen ausgerüstet mit Schild und Schwert raus zur Katze. Die Katze hatte Angst vor den gefährlichen Schwertern mit spitzen Stacheln. Kreischend rannte die Katze weg. Anna Luise und Erika waren schneller als die Katze an der Tür. Sie bewachten die Tür. Emma stand hinter der Katze und steckte das Schwert in den Schwanz der Katze. Sie jaulte noch lauter. Sie versuchte nun, die Mäuse zu fangen. Diese waren mit dem Käse der Katze im Mauseloch verschwunden. Die Katze probierte sehr lange, das Stachelschwert aus dem Schwanz zu entfernen. Als das Schwert endlich draußen war, ärgerte sie die Mäuse nie wieder. Ende

Benjamin, 6 Jahre (diktiert)

Die verlorene Schwester

Es war einmal eine kleine, hilfsbereite Schwester. Sie wohnte mit den sieben Zwergen in einem Haus. Eines Tages ging die Zwergenschwester in einen Laden und wollte Knöpfe kaufen. Da sah sie ein merkwürdiges Tier, dieses hatte tausende Knöpfe. Die Zwergenschwester holte sich schnell 28 Knöpfe und ging dann wieder. Vor dem Laden sah sie die drei Mäuse. Diese fesselten sie und brachte sie in ihr Versteck. Die Zwerge bekamen das mit und suchten sie zuerst im Laden und dann bei den Mäusen. Da fanden sie die Schwester. Sie kämpften schnell gegen die drei, riefen die Zwergenpolizei an und sagten ihr, was geschehen war. Dann befreiten sie ihre Schwester. Doch da kam der Mäusekönig. Er nahm sein Zepter und verwandelte sie in eine Statur. Nach 30 Jahren kam ein anderer Zwerg. Er fand sie und küsste das Zwergenmädchen. Dann waren sie wieder Fleisch und Blut und nicht mehr Stein. Die zwei Zwerge heirateten und lebten glücklich und zufrieden. Doch der Mäusekönig starb vor Eifersucht, weil er doch das Zwergenmädchen heiraten wollte. Ende

Madlen, 4. Klasse

Geschlossener und geöffneteter Beutel mit den zwölf Serviettenbeuteln

nun befassen muss. Warum steht gerade das vor seiner Schlosstür? Was will der Besuch?

In jedem der kleinen Beutel befinden sich die „Märchenbausteine", und das sind hier jeweils zwei Sachen: ein Tier und ein Gegenstand. Das Tier ist der Besucher des Königs und der Gegenstand, den er mitbringt, hat eine magische Funktion. Ich verwende für den Inhalt der kleinen Serviettenbeutel Fingerpuppen, kleine Spielzeugtiere und -puppen, Gegenstände aus der Puppenstube, auch Miniaturen, wie sie z.B. in Setzkästen zu finden sind. Die kleinen Dinge finden sich in Spielzeug- und Souvenirläden, auf Weihnachtsmärkten und natürlich in den Kinderzimmern selbst.

Das Märchen soll als Gruppenarbeit ausgedacht, aufgeschrieben und mit einer entsprechenden Buchform gestaltet werden. Jede Schreibgruppe nimmt sich also einen Beutel. Der Beutel wird geöffnet und der Inhalt betrachtet. Die zwei Dinge, die im Beutel vorgefunden werden, nehmen eine Rolle in der Geschichte ein. Aber auch das Äußere des Beutels kann im Märchen zum Einsatz kommen, z.B. als Ort, an dem die Geschichte stattfindet.

- **Ein Erzählanfang und eine Schreibaufgabe**
  Die zwölf Bündel reichen für 24 Kinder, wenn sich immer zwei Kinder zusammenfinden, die das Märchen erfinden wollen. Es kann aber auch in Dreiergruppen gearbeitet werden. Wenn die Bündel geöffnet und die Dinge ausgiebig genug angeschaut worden sind, geht es an das Konstruieren der Märchenhandlung. Da neben dem König immer eine zweite Figur – ob Mensch oder Tier – in die Handlung eingebracht wird, ist es sowohl möglich, sie zum Gegenspieler als auch zum Mitspieler zu machen.
  Es gibt also eine Hauptperson, den König, und es kommt eine zweites Wesen zu Besuch, das

Die Märchenbausteine in den einzelnen Serviettenbeuteln

etwas sonderbares, ein magisches Ding mitbringt.
Es gibt außerdem einen Ort des Geschehens und einen zeitlichen Beginn: *Eines Tages klopfte es an die Schlosstür.* Das Schloss ist auch die Buchform, in die die fertigen Märchen geschrieben und gestaltet werden können.

- **Verschieden und doch vergleichbar**
  Ich habe dieses Märchenschreibspiel schon Grundschulkindern und auch Lehrern während eines Fortbildungsseminars angeboten. Jedes Mal war es ein besonderes Vergnügen, zu erleben, wie das für alle verbindliche Element (das Muster der Papierserviette) in dem Märchen verwendet worden war. Die

Beispiele für zusammengebaute Märchen

Der traurige König

Es war einmal ein König. Er lebte ganz allein in einem großen Schloss. Eines Tages klopfte es. Vor der Tür stand ein Tiger mit einer Trompete. „Hallo Tiger, was willst du denn hier?", fragte der König. „Ich will dir helfen", antwortete der Tiger. „Ich habe in meiner Zauberkugel gesehen, dass du lange Zeit keine Gesellschaft bekommen hast." Der König wirkte etwas traurig. „Hast du hier irgendwo einen Spiegel?", fragte der Tiger nun. „Na klar, hier ist er." Der Tiger spielte jetzt auf seiner Trompete. Auf dem Spiegel sah man ein wunderschönes Land. „Hier, immer wenn du Gesellschaft brauchst, kannst du da rein gehen, da warten viele Abenteuer auf dich." Bevor der König danke sagen konnte, war der Tiger verschwunden. *Rajana, 4. Klasse*

Das Zebra mit dem Liegestuhl

Es war einmal ein König. Er lebte ganz allein in einem großen Schloss. Eines Tages klopfte es. Vor der Tür stand das Zebra mit einem Liegestuhl. Ihm war kalt, weil es schneite. Das Zebra wollte rein. Da hat der König ihm die Tür aufgemacht. Das Zebra sagte: „Krieg ich eine Decke von dir?" „Ja", sagte der König. Das Zebra setzte sich auf den Liegestuhl und deckte sich zu bis zum Hals zu und trank heißen Kakao. Ihm war wärmer. Er klappte den Liegestuhl zu und ging nach Hause.

Despina, 9 Jahre

Servietten mit den blauen Pflaumen wurden zum Pflaumenbaum, zu Pflaumenmus, zum Pflaumenkuchen und zu Dörrpflaumen umfunktioniert. Die Rosenmusterservietten waren ein Rosenstrauch, ein Strauß von Rosen, eine Wunderrose, eine Rosenhecke, ein Rosenmuster an der Wand des Schlosses.

Die Sinnlichkeit des Spiels und die für alle nachvollziehbaren Spielregeln der Schreibaufgabe halfen den Kindern, sich auf das Märchenerfinden einzulassen Der König bekam sein Märchen und die Kinder wurden selbst zu Märchenerzählern und damit auch zu Märchensachverständigen. Denn wer in das Innere einer Sache schauen, wer sie womöglich auseinander- und wieder zusammenbauen konnte, der kennt sich ein bisschen besser damit aus. Die Sache war hier das Märchen selbst, und die Kinder hatten in sein Inneres nicht nur schauen, sondern es kreativ und spielerisch erproben können.

Märchen-Lesarten

Die entstandenen Märchen der Kinder stellen Erwachsene, wenn sie sie lesen oder hören, vor die Aufgabe, darauf angemessen zu reagieren. Es versteht sich im Rahmen dieses Buches, dass es hier nicht darum gehen kann, über mögliche

Muschel-Märchen

Die zwei Muscheln

Ein Seemann fuhr auf See. Er fischte zwei Muscheln, eine schwarze und eine weiße. Die weiße bringt Glück und die schwarze bringt Pech. Der Fischer wusste nichts davon und öffnete die Schwarze. Das ganze Pech kam raus. So kam das Pech in das Land. Der Fischer hatte große Not. Eines Tages hatte er die Idee, die Weiße zu öffnen. Er öffnete sie und das ganze Glück kam raus und alles war wieder gut. Ende

Elias und Rufus, 2. Klasse

Die weiße Muschel

Es war einmal eine weiße Muschel. Sie lag auf dem Meeresgrund. Viele Algen umringten sie. Eines Tages begann sie zu singen. Das Meer fror zu. Im Sommer fuhr ein Boot über das Meer, ein Mann saß darin. Der Mann angelte die Muschel. Die Muschel sang und sang und sie lebten glücklich und zufrieden.

Friederike, 2.Klasse

Die Muschel als Held eines Märchens

Benotungen und Zensuren zu diskutieren. Aber die Frage bleibt doch, wie wir Erwachsene die Texte von Kindern überhaupt lesen und damit verstehen können. Die Frage wird in der gegenwärtigen Deutschdidaktik wieder vehement diskutiert, würde hier allerdings den Rahmen sprengen. Aber ein Blick darauf, welche Lesarten von Kindertexten überhaupt in Betracht gezogen werden können, soll hier erfolgen.

Beide Muschel-Märchen (s. oben) erzählen von einem ungewöhnlichen, wundersamen Ereignis, das am Ende gut ausgeht. In beiden geht es um Glück oder Unglück, also etwas zutiefst Moralisches, Existenzielles, das das Leben der Menschen so oder so beeinflusst.

Beide Märchen verzichten auf Ausschmückungen, sind knapp und auf das wesentliche beschränkt. Im ersten Märchen wird von einem Seemann erzählt, der zwei Muscheln findet, eine schwarze und eine weiße. Das ist bemerkenswert: Sofort wird eine Dialektik ins Spiel gebracht. Diese zwei Seiten derselben Sache, die gute und die böse Seite, werden einem Fischer zum Verhängnis. Er hat Pech, als er die schwarze Muschel öffnet (was den Zuhörer natürlich sofort an ein anderes Märchen erinnert, in dem ein Mädchen mit schwarzem Pech übergossen wird). Aber der Fischer im Märchen von Rufus und Elias war nicht faul, er hat nichts Böses getan, er hat nur „Pech gehabt".

Ob die Kinder an dieses Wortspiel gedacht haben? Vermutlich nutzen sie es unbewusst. Aber beim erwachsenen Leser stellt sich diese Verbindung schon ein und er kann die Raffinesse des Textes bewundern. Als der Fischer die richtige, die weiße Muschel öffnet, wendet sich das Blatt und das Glück kommt zurück. Schwarz oder weiß, ja oder nein, gut oder böse, Pech oder Glück, hier wird die Gattungsregel angewandt, hier haben sich Rufus und Elias an der formalen Spezifik des Märchens anlehnen und sie für ihr eigenes Schreiben nutzen können.

kreative Schreiben in einem Schreibspielraum bewusst geworden, dass der Umgang mit dem geschriebenen und gestalteten Wort ein echtes Abenteuer sein kann! Ein Abenteuer zu bestehen, ist eine Herausforderung, die Kinder gern auf sich nehmen. Warum sollte das nicht auch für die Eroberung der Sprache gelten?

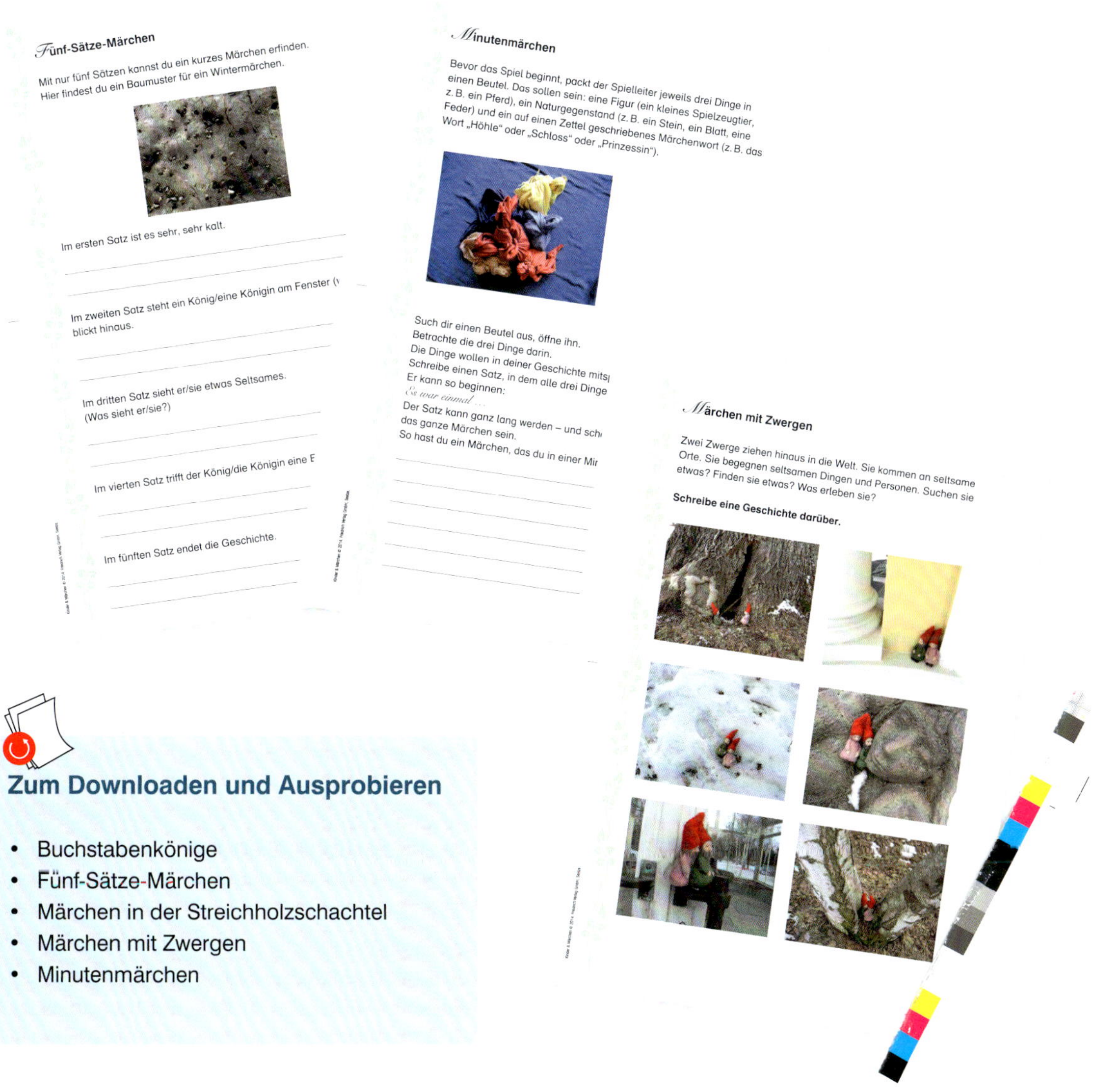

Zum Downloaden und Ausprobieren

- Buchstabenkönige
- Fünf-Sätze-Märchen
- Märchen in der Streichholzschachtel
- Märchen mit Zwergen
- Minutenmärchen

Die Kinder spielen anschließend die Situation nach: Wie der König durch sein Schloss ging, die Treppe hinunter und hinaus in den Park. Wie er joggte, sich ausruhte am Baum, seinen Baum bewunderte, den Stamm streichelte. Dann der Tag, an dem er die fehlenden Blätter bemerkt. Der Gärtner kommt mit der Gießkanne und der Narr erzählt Witze (wie viele Witze? Welche?). Dann telefoniert der König mit seinem Freund, der sucht das alte Buch – es ist weg! Schließlich nimmt der kleine, grüne Geist seine Arbeit auf. Er legt alles bereit, was man zum Sprücheschreiben braucht: Tinte, Federhalter, Pergamentpapier und Muster für Sprüche.

Die Frage an die Kinder lautet: Wie können solche Muster für Sprüche aussehen? Wer weiß noch Sprüche, vielleicht aus einem Märchen? Ein fröhlicher Wettstreit begann. Die Kinder riefen die ihnen bekannten Sprüche in den Raum, wiederholten und verglichen sie.

Königstochter, jüngste
mach mir auf,
weißt du nicht, was gestern
du zu mir gesagt
bei dem kühlen Brunnenwasser?
mach mir auf!

Rucke die guh, rucke die guh,
Blut ist um Schuh.
Der Schuh ist zu klein.
Die rechte Braut sitzt noch daheim.

Knusper, knusper, knäuschen,
wer knuspert an meinem Häuschen?
Der Wind, der Wind,
das himmlische Kind!

Spieglein, Spieglein an der Wand
Wer ist die Schönste im ganzen Land?
Frau Königin, Ihr seid die Schönste hier
Aber Schneewittchen über den Bergen
Bei den sieben Zwergen
Ist noch tausendmal schöner als Ihr!

Die Kinder probierten nun, die Form dieser Sprüche für ihre eigenen Zaubersprüche zu nutzen. Ebenfalls wurden vertraute Abzählreime als Muster genutzt.

Eins, zwei, drei, komm herbei ...

Eins, zwei, drei, vier, fünf, sechs, sieben,
wo ist ... geblieben?

Enne, meene, muh und raus bist du!

Viele Anlässe zum eigenen Gestalten mit Papier, Material und Farbe sind ebenfalls durch die Rahmenhandlung bereits angeregt worden. So kann neben dem Sprüchemachen z. B. auch das alte Zauberbuch des Königs gebastelt werden. Die Figuren des Märchens können als Finger- oder Handpuppen hergestellt werden (der König, der Clown, der Gärtner, der kleine grüne Geist, der Löwenkönig), das Schloss mit den sieben Türmen und den zwei Treppen können gemalt oder aus Pappkartons gebaut werden, der Lieblingsbaum geformt, gezeichnet, mit Silberpapierblättern behängt werden.

Als besonderen Anreiz, die selbsterfundenen Zaubersprüche aufzuschreiben, habe ich eine Falttechnik für ein Klappbuch entwickelt. Ich behaupte, dass es besonders geeignet für Zaubermärchen ist, weil man die Sprüche so schön darin verstecken kann. Das Buch entfaltet sich in drei Stufen, und so entfaltet sich auch die Märchenhandlung (s. S. 103). Die genaue Anleitung der Falttechnik, auch für andere Buchformen, findet sich im Downloadbereich.

Im zweiten Märchen, dem Text von Friederike, steht die Muschel selbst im Mittelpunkt des Geschehens. Sie wird gefunden und sie bringt das Glück, weil sie selbst über eine magische Funktion verfügt. Sie kann singen. *„Eines Tages begann sie zu singen. Das Meer fror zu"*, schreibt Friederike. Diese zwei Sätze prägen sich bereits beim ersten Lesen des Textes tief ein. Das Bild des Singens stößt auf das Bild vom zufrierenden Meer. Ein kalter, unheimlicher Vorgang, etwas, was ängstigt und Schweigen und Verlorenheit assoziieren lässt. Zwischen diesen beiden kurzen Sätzen von Friederike ist eine Leerstelle. Hier scheinen sich Himmel und Erde nicht einigen zu können, hier scheint die Welt zu erstarren, etwas Schlimmes ist geschehen. Im nächsten Satz aber kommt ein Boot, ein Mann sitzt darin, angelt – und angelt die Glücksmuschel. Alles wird gut.

Texte als Kontexte

Beide Muschel-Märchen sind in einem *Schreibspielraum* entstanden. Auf zwei Bedingungen eines solchen Szenariums, die einen gelingenden Schreibprozess ausmachen, soll hier verwiesen werden. Die Bedingungen sind grundsätzlich herstellbar, also auch in einem ganz normalen Unterricht und nicht nur in einem Schreibzirkel, der mit besonders interessierten Kindern arbeitet. Erstens: Beide Märchen sind im Kontext eines bestimmten literarischen Textes entstanden, der das Schreiben der Kinder motiviert hat. Dieser literarische Text ist nicht irgendein beliebiger und zufällig im Lesebuch stehender Text, er genügt hohen ästhetischen Ansprüchen. Zweitens: Beide Texte sind in der Gemeinschaft von Schreibenden entstanden, die Schreiben als eine ästhetische Tätigkeit erfahren können

In dem Kinderbuch von Benno Pludra „Lütt Matten und die weiße Muschel" (Pludra 1963) baut ein kleiner Junge eine Reuse, genau wie sein Vater und die anderen Fischer im Dorf. Aber die Reuse von Lütt Matten fängt keinen Fisch, er hat kein Glück. Da erinnert sich der Junge an die Legende von der weißen Muschel, die man im Dorf erzählt. Die weiße Muschel könnte das ersehnte Glück bringen. Also macht sich Lütt Matten mitten in der Nacht auf den Weg zum Bodden, um hinauszufahren und sie zu finden. Die Legende von der weißen Muschel ist das erste, was die Kinder an jenem Dienstag, an dem die *Muscheltexte* entstanden sind, erzählt bekommen haben. Die Erzählung wird vorbereitet durch ein Gespräch mit den Kindern über die Ferien, die gerade zu Ende gegangen sind, über den Urlaub in den Bergen oder an der Ostsee. Dort sind die Kinder im Sand gelaufen, haben Steine und Muscheln gesammelt, das Salz im Meer geschmeckt und dem Rauschen der Wellen zugehört. Assoziationen an diese sinnlichen Erfahrungen der Kinder werden vergegenwärtigt, die Wörter, die diese Erfahrungen bezeichnen, werden genannt: Meer, Steine, Wasser, Himmel, Wolken, Sand, Tang, Möwe, Muschel.

Elias und Rufus schreiben ihr Märchen

Das Spiel mit diesen Sommerwörtern, Urlaubswörtern, Ostseewörtern, das Experimentieren mit Wortgestalt und Wortbedeutung gehört zur „Kopfgymnastik“ (Kohl 2005), zum sinnlichen Erfahrbarmachen des Wortmaterials, den Bausteinen des künftigen Bauwerkes Text.

Diese Wörter finden sich auch in dem fremden Text, der Legende von der weißen Muschel aus dem Kinderbuch von Benno Pludra.

Aber was passiert, wenn ein Wort wie Muschel in den eigenen Text will? Welche Geschichte kann der Muschel gegeben werden, welche Geschichte bringt vielleicht das Ding selbst mit? In die Dinge ist Wissen eingeschrieben, das sie über die Jahrhunderte des Gebrauchs bekommen haben. Das Wissen um die Eigenart dieses Dings, seinen Gebrauch, seine Herkunft, aber eben auch die Beziehung des Schreibenden zu eben jenem Ding, sind wichtige Kontexte des Schreibens. Friederike, Elias und Rufus hatten genügend Zeit, über die *Muschel* nachzudenken, ihre Phantasie zu gebrauchen, zu imaginieren. Sie haben einen literarischen Text kennengelernt, der von diesem Ding erzählt und sie haben die Legende über die Muschel weiterdenken und in ihren kindlichen Deutungs- und Erfahrungshorizont hineinnehmen können.

In der computerschriftlichen Abschrift (S. 96) wirkt er anders, obwohl es der gleiche Text ist. Bis auf ein kleines Wort, das die beiden in der Eile vergessen hatte, eine Flüchtigkeit also, ist nichts geändert worden.

Das Abschreiben des Textes und damit die Herstellung einer Druckfassung steigert die Wirkung des Textes ungemein. Erst dadurch, dass er optisch gut lesbar, auch normschriftlich korrekt, wiedergeben wurde, erhält er interessanterweise eine ganz andere Aura.

Natürlich ist es im Unterrichtsalltag nicht immer möglich, jedem Kind solche Zuwendung zu schenken. Aber die Aufwertung, die der Text von Rufus und Elias dadurch erfahren hat, ist ein Faktum, an dem man nicht vorbei kann, wenn es um die Würdigung kindlicher Stimmen geht. Wird der eigene Text von den Kindern in eine selbst gestaltete Buchform gebracht oder mit anderen Kindertexten zu einem Buch gebunden, wirkt das nachhaltig und motivierend auf die Kinder.

So ist Schreiben eben nicht nur das Erlernen einer notwendigen Kulturtechnik, durch deren richtigen und angemessenen Gebrauch man sich in der Gesellschaft behaupten kann, sondern es wird Teil einer ästhetischen Tätigkeit, die die gestalterischen Kräfte der Kinder herausfordert und würdigt. Manches Kind, dem Schreiben eine mühevolle und mit vielen Blockaden verbundene, schwierige Lerntätigkeit war, ist durch das

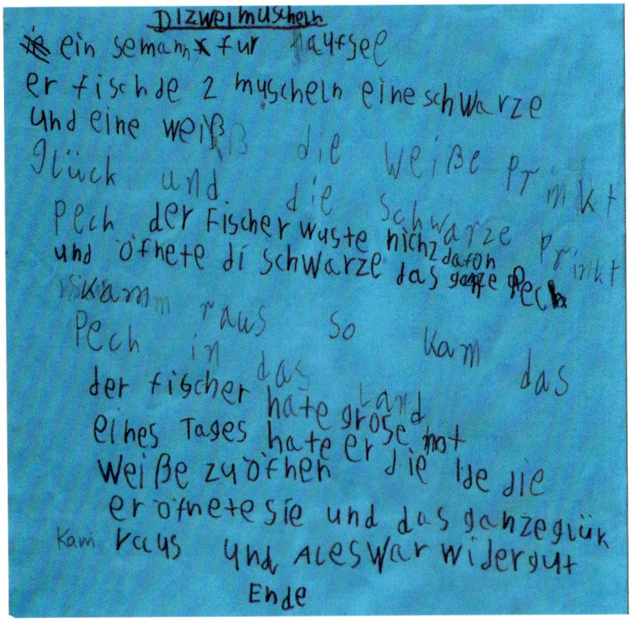

Handschriftliche Fassung des Märchens von Elias und Rufus

Das Zauberbuch
(Jan, 2. Klasse)

Hier sind einige der Zaubersprüche, die Kinder einer 2. Klasse an einem Projekttag in zwei Doppelstunden gedichtet und in ihre gefalteten Zauberbücher hineingeschrieben und mit farbigen Zeichnungen illustriert haben:

Eene, meene, maum
Baum hat einen Traum

Eins, zwei, drei, vier, fünf, sechs, sieben,
Baum, wo sind deine Blätter geblieben?

Eins, zwei, drei, vier, fünf, sechs, sieben,
Baum, lass deine Strümpfe fliegen!

Eene, meene, Max
Baum, wachs!
Eene, meene, Baum
Wach auf aus deinem Traum!

Eene, meene, Maus
Komm aus deinem Schlaf heraus
Eene, meene, Nasenkuss
Komm heraus du Haselnuss!

Im Inneren der Faltbücher der Kinder taucht häufig ein Königspaar auf. Die Kinder haben es erfunden. Es sind die königlichen Baumgeister, die im Inneren des Baums wohnen und eingeschlafen waren. Deshalb hatte der Baum plötzlich keine Blätter mehr. Nun ist das Baumkönigspaar mit dem Spruch aufgeweckt worden, und die Blätter wachsen wieder.

Sind diese poetischen Versuche der Kinder ernsthafte Denk- und Schreibarbeit? Der Engländer Francis Bacon hat gesagt *Poesis doctrinae tampqam somnium*, was soviel bedeutet wie *Die Poesie ist der Traum einer Lehre* (Huizinga 1987, S. 133). Es scheint, dass Kinder in solchen Unterrichtsideen Spielfiguren der Poesie erproben und sich aneignen. Sie können an sich selbst erfahren, wozu man eine bestimmte Textsorte braucht, welche Produktionsbedingungen sie verlangen und wie man sie herstellen kann. Die Produktion ist spielerisch, heiter und genüsslich. Sie hat eine magische Märchenhandlung zur Grundlage, die man als Lehrkraft arrangieren und inszenieren muss. In meinem Arrangement war es das „Märchen vom Baum ohne Blätter". Es könnte ein beliebig anderes sein, wenn es nur an einer Stelle eine magische Situation gibt, die einen Vers braucht oder einen Spruch.

Auch mit dem Erfinden von Rätseltexten, die in den Märchen häufig vorkommen, habe ich gute Erfahrungen gemacht. Die Kinder haben meist Vorerfahrungen mit Rätseln. Es ist nicht schwer, sie auch zum Aufschreiben der Texte zu bewegen. Verse, Rätsel, Reime oder Zaubersprüche werden zu magischen Werkzeugen in einer magischen Spielhandlung, in der die Kinder aktive Mitspieler sind. Am Ende können sie ihre selbstgestalteten Zauberbücher mit den eigenen Sprüchen und Bildern präsentieren.

„Poiesis ist eine Spielfunktion. Sie geht in einem Spielraum des Geistes vor sich, in einer eigenen Welt, die der Geist sich schafft. Dort haben die Dinge ein anderes Gesicht als im gewöhnlichen Leben und sind durch andere Bande als logische aneinander gebunden. Wenn man Ernst als das auffaßt, was sich in Worten des wachen Lebens schlüssig ausdrücken läßt, dann wird Dichtung niemals vollkommen ernsthaft. Sie steht jenseits vom Ernst, auf jener ursprünglichen Seite, wo das Tier, der Wilde und der Seher hingehören, im Felde des Traums, des Entrücktseins, der Berauschtheit und des Lachens. Um Dichtung zu verstehen, muß man fähig sein, die Seele des Kindes anzuziehen wie ein Zauberhemd, und die Weisheit des Kindes der des Mannes vorzuziehen" (ebd).

Die verschwundene und wiedergefundene Bibliothek

Hinter der Tür einer 4. Klasse in einer hessischen Grundschule wurde während einer Projektwoche mit Studierenden der Universität Kassel, die sich „Märchenwerkstätten" nannte, eine vollständige königliche Bibliothek in Auftrag gegeben und nach fünf Tagen tatsächlich fertiggestellt.

Die „Auftraggeber" waren drei Studentinnen, die es schafften, alle 16 Kinder dieser Klasse zu begeisterten Märchenschreibern zu machen, obwohl diese vorher weder besonders mit dem freien noch mit dem kreativen Schreiben Erfahrungen gemacht hatten.

Ausgangspunkt in dieser 4. Klasse war ein von den Studentinnen geschriebenes Märchen, das als Erzählrahmen eingesetzt wurde:

Es war einmal eine Prinzessin, die besaß unglaublich unwahrscheinlich viele zigtausend Bücher. Deswegen wurde sie die Bücherprinzessin genannt. Die Bücher waren ein Erbstück aller vor ihr lebenden Könige ihres Königreiches. Sie erzählten von dem, was früher geschehen war, z. B. von einem mächtigen, Feuer spuckenden Drachen, der viele Jahre die Menschen geärgert hatte und ihre Felder mit seinem Feuer verwüstet hatte. Oder sie erzählten von einem Mädchen, das auszog, um das Glück zu suchen.

Die Bücherprinzessin hatte schon viele ihrer Bücher gelesen, natürlich nicht alle, dazu waren es zu viele. Besonders liebte sie es, mit Freunden gemeinsam zu lesen. Jeden Freitagnachmittag trafen sich Schlossbewohner und Nachbarn zur gemütlichen Gemeinsamlesezeit. Der Koch des Schlosses buk für die Gäste Kekse und Kuchen, und manchmal bekam er spezielle Aufträge von der Prinzessin und sollte etwas backen, was in der Geschichte vorkam, die gerade gelesen wurde. So stand schon mal ein Baumkuchen auf dem Tisch oder Vanilleplätzchen mit gerösteten Ameisen.

Manchmal wurden sehr lustige Geschichten gelesen, dann lachte die Gesellschaft so laut, dass im Umkreis von fünf Kilometern die Fensterscheiben wackelten. So war es auch am vorletzten Freitag. Die Lesegesellschaft lachte so herzhaft, dass bei der Hexe „Hexmalschnellwas" der Tisch wackelte. Darauf stand aber gerade ihr Zaubergetränk und statt der 17 Froschaugen, die sie gerade verrühren wollte, plumpsten sieben Spinnenbeine hinein. Die Hexe wurde sehr zornig und befragte ihre Zauberkugel, wer ihr diesen Streich gespielt hatte. Die Zauberkugel zeigte ihr das Schloss und darin die Bibliothek, in der die Prinzessin mit ihrer Gesellschaft saß. Sie langten gerade wieder nach den Keksen.

Da wurde die Hexe nicht nur zornig, sondern auch neidisch, dass man sie nicht eingeladen

Organisatorische Hinweise

Altersstufe:	Klasse 3 und 4
Kompetenzen:	kreatives Schreiben erproben, eigene Texte schreiben, Bücher gestalten, Gattungsspezifische Merkmale der Märchen kennenlernen und selbst erproben
Textgrundlage:	Erzählrahmen: Die verschwundene Bibliothek, verschiedene bekannte Märchen
Material:	weißer oder farbiger DIN-A4-Zeichenkarton zum Herstellen der neuen Märchenbücher, Buntstifte, Wachsmalkreide, Scheren und Klebstoff, verschiedene Wörterkisten mit Wörtern der genannten Kategorien
Zeit:	mind. 240 Minuten

hatte. Sie sann auf Rache. Am Wochenende war es so weit. Als die Prinzessin eine kleine Reise machte, zauberte die Hexe alle Bücher aus der Bibliothek weg!

Als die Prinzessin zurückkam, entdeckte sie den Diebstahl. Sie wurde todunglücklich und weint seitdem Tag und Nacht. Alle Taschentücher und Handtücher sind vollgeweint. Aber jetzt hat sie eine Idee. Sie sendet Geschichtensucher und Geschichteneinsammler in die Welt, die ihr neugeschriebene Geschichten für ihre Bibliothek bringen sollen.

So sind wie hierher in eure Klasse gekommen. Wollt ihr der Prinzessin helfen?

(Gekürzte Fassung)

Die Studentinnen gaben sich als drei der von der Prinzessin ausgeschickten Boten zu erkennen. Sie behaupteten, im königlichen Auftrag unterwegs zu sein und neue Märchentexte zu suchen.

An dieser Stelle wurde die Märchenhandlung geschickt in die zu initiierende Projektaufgabe übergeleitet. Wenn die Kinder bereit wären, Geschichten zu liefern, könnten sie der unglücklichen Prinzessin helfen. Sie würden so selbst Teil der Märchenhandlung. In diesem Fall bedeutete das, Märchentexte zu schreiben.

Am Montagmorgen erwartete die Kinder ein veränderter Klassenraum. An die Wände war ein Samtvorhang gehängt worden, im Sitzkreis brannte Kerzenlicht, eine geheimnisvolle Stimmung empfing die Kinder. Neugier und Spannung stiegen, als die Studentinnen sich als „Geschichteneinsammler" vorstellten, die mit einem königlichen Auftrag versehen waren. Sie schafften es, die Ausgangsgeschichte so zu präsentieren, dass die Kinder aufmerksam lauschten und in den Bann der Geschichte gezogen wurden. Sie schafften es auch deshalb so gut, weil sie die Geschichte nicht vorlasen, sondern frei erzählten. Sie notieren später, dass sie gerade dadurch gut beobachten konnten, welche Kinder der Lektüre folgten und welche nicht. Ein Blickkontakt reichte aus, um auch die Kinder mitzunehmen, die noch nicht in die Geschichte eintauchen konnten. Der Erzählung folgte eine gemeinsame Phantasiereise: Wie mag das Schloss der Bücherprinzessin aussehen? Wollen wir zu ihr reisen und es uns ansehen? Wir reisen hinter die Stirn, in unserer Phantasie. Lasst uns die Augen schließen und losreiten über die Berge, durch den Wald, vorbei am Fluss, immer weiter, weiter, bis wir plötzlich das Schloss sehen. Und nun die Treppe hinauf, in den großen Saal, wo der Tisch mit den Keksen steht, und die hohen Lehnstühle und dahinter die Regale. Was mögen das für Bücher gewesen sein? Wie sahen sie aus, was stand im dritten Buch auf dem siebten Regal ganz links? Und in dem mit dem nachtblauen Einband?

Die Kinder ließen sich bereitwillig auf das Assoziieren und Ausdenken ein. Sie sahen das Schloss vor sich und die Landschaft. Bei Sebastian gab es auf dem Weg zum Schloss Bäume mit grimmigen Gesichtern, die zu ihm sagten: „Geh weg!" Aber er ging mutig weiter und traf viele Leute und fünf Kutschen voller Bücher. Jan reiste zu einem gläsernen Schloss mit vielen hohen Türmen. Bei Nastasia stand das Schloss auf einem so hohen Berg, dass sie es erst gar nicht sehen konnte. Sie brachte der Prinzessin ein winzig kleines Buch mit, wofür sie von ihr zum Abschied ein Küsschen bekam und auf einer Rutsche aus dem Schloss heraussauste, die Rutsche endete mitten in einem Swimmingpool. Nastasia sprang von der Rutsche ab, weil sie kein Badezeug mit hatte.

Die Studentinnen hörten geduldig alle Erzählungen der Kinder bis zu Ende an. Es erübrigte

Beispiele von Schlossgeschichten

Der Zauberring

Es war einmal ein Kater, der war sehr arm, aber er hatte Stiefel, die mit Gold überzogen waren. Da kam eine Fee, die gab dem Kater einen Ring und sie sagte: „Ich gebe dir diesen Ring, wenn du was brauchst, dann dreh an dem Ring." Dann verschwand sie.
Der Kater freute sich und wann immer er was brauchte, drehte er an dem Ring. Er wünschte sich einen Kuchen. Dann drehte er an dem Ring. Und dann kam ein riesengroßer Kuchen. Er wünschte sich auch einen Hut und der war aus Gold. Er freute sich. Er wünschte sich auch noch andere Sachen und er bekam, was er wollte. Er schenkte dem Uhu den Ring. Wenn er nicht gestorben ist, dann lebt er noch heute.

Melanie

Das Pferd Archibald

Es war einmal ein Pferd, das hieß Archibald. Niemand mochte ihn, weil er so schwarz war. Darüber war er sehr traurig. Als er einmal bei einer hübschen Stute vorbei kam, spürte er so ein Kribbeln im Bauch. Sie war ebenfalls schwarz und sah sehr traurig aus. Er ging zu ihr und sagte: „Liebes Mädchen, worüber bis du so traurig?" Da antwortete sie: „Niemand mag mich, weil ich so schwarz bin." Da sagte er: „Sieh mich an, ich bin auch schwarz, sei nicht traurig." Da fragte sie: „Wollen wir Freunde sein?"
Archibald sagte: „O ja." Und wenn sie nicht gestorben sind, dann leben sie noch heute.

Juliane

Die mutige Prinzessin

Es war einmal ein Drache, der war ganz harmlos, aber die Leute und die Ritter dachten, dass er böse war. Keiner traute sich, ihn aus dem Land zu vertreiben.
Eines Tages erfuhr das eine Prinzessin. Die liebte Drachen. Sie wollte ihn aus dem Land vertreiben aber friedlich, weil ihr Volk vor Drachen Angst hatte. Die Prinzessin tat es noch am gleichen Tag. Als sie in die Höhle des Drachen ging und ihn sah, hatte sie keine Angst, weil er Angst vor ihr hatte. Er ließ sich sogar streicheln. Die Leute hatten nur Angst, weil er so schrecklich aussah.
Vier Tage später erklärte sie, dass der Drache ganz lieb war und er ganz nützlich für das Volk sein könnte. Sie benutzten ihn als Abschreckung für Räuber und Banditen und sie wurden die besten Freunde.

Robert

sich dann, den Kindern einen Arbeitsauftrag zu erteilen, denn ein Kind sagte spontan: „Jetzt können wir die Schlösser ja aufmalen". Das zeigte, dass die Gestaltungslust der Kinder sich ursächlich aus der Geschichte selbst und den mit ihr verbundenen Imaginationen ergab.

Die Kinder erhielten nun Materialien, mit denen es Spaß machte, zu arbeiten. Aus farbigem Zeichenkarton schnitten und klebten sie ihre Schlösser. Viele malten auf die Innenseite des Blattes die Bibliothek. Dem Vorschlag, in die Mitte der Blätter eine der alten Geschichten der Bibliothek hineinzuschreiben, zögerten die Kinder allerdings zu folgen. Zum Glück bestanden die Studentinnen nicht auf einem zu erfüllenden Arbeitsauftrag, sondern setzten sich mit den

Kindern in einen Sitzkreis. Die fertig gemalten Schlösser wurden genüsslich betrachtet, Freude, Staunen, Interesse wurden geäußert, die Angst vor dem unbeschriebenen Blatt (die eine ganz normale Angst ist) löste sich auf. Die Kinder begannen von selbst mit dem Aufschreiben ihrer selbst erfundenen Schlossgeschichten.

Am zweiten Projekttag wurde ein weiterer Schreibimpuls gegeben. Er erwies sich als entscheidend dafür, dass sich auch Kinder an das Schreiben wagten, die Schreiben bisher als etwas sehr schweres und für sich nicht attraktives erlebt hatten. Die Kinder erhielten einen Brief der Bücherprinzessin:
Liebe Geschichteneinsammler!
Die Hexe, die meine Bücher weggehext hat, hat zum Glück einen entscheidenden Fehler gemacht. Sie vergaß eine Zeile in ihrem Zauberspruch und ein Spinnenbein im Zaubertrank. So geschah es, dass einige Wörter aus den Büchern herausfallen konnten. Meine Untertanen haben sie beim Ritt durch den Märchenwald gefunden. Bitte nehmt die Wörter und verarbeitet sie in euren neuen Geschichten! Sie werden euch beim Schreiben helfen!
Liebe Grüße, Eure Bücherprinzessin

Natürlich waren die Kinder neugierig, die herausgefallenen Wörter zu lesen. Es waren viele und man konnte sie, wie die Studentinnen ihnen vorschlugen, sortieren. Sechs farbige Wörterdosen mit Etiketten standen bereit. Das Einsortieren der Wörter in die entsprechenden Dosen hatte zur Folge, dass nun Grundbausteine für zu schreibende Geschichten auf dem Tisch lagen. Sie konnten beliebig verarbeitet werden. Schreiben wurde so ein handwerklicher Vorgang, für den Werkzeuge und Baumaterial bereit lagen und genutzt werden konnten. Das erleichterte den Kindern den so häufig als mysteriös gedachten und gefürchteten Schreibakt. Für die Geschichten gab es ein Material, aus dem man sie herstellte: die Wörter.

Figuren und Wesen im Märchenland
König, Königin, Bote, Prinz, Hexe, Drachen, Raben, Ritter, Frosch, Zofe, Braut, Elfen, Wachen, Gespenst, Prinzessin, Hofnarr, Fee, Zwerge, Musikanten, Zauberer, Wichtel, Stiefmutter, Tauben, Bräutigam, Wassernixe, Zwerge, Stiefschwestern

Orte, die es im Märchen gibt
Schloss, Moor, Zwergenhütte, Thronsaal, Verlies, Wachturm, Wald, Zauberwald, Lebkuchenhaus, Labyrinth, Dachboden, Glasberg, Höhle, Honigsee, Krokodilgraben, Besenschrank, Keller, Berg, Turm, Meeresgrund

Dinge, die es im Märchenland gibt
Bratwurstzaun, Milchbach, Krone, Giftbrühe, Taler, Siebenmeilenstiefel, Zugbrücke, Wunderblume, Wolken, Zauberflöte, Zaubertrank, Schätze, Schatztruhe, Schlaftrunk, Seidenkleid, Dudelsack, Spiegel, Zauberpferd, Edelsteine, Gold, Goldtaler, Kristallkugel, Spindel, Spinnweben, Sterne

Was man im Märchen tun kann
befreien, zaubern, wünschen, speisen, wandern, hexen, tafeln, ruhen, reisen, leiden, hungern, heiraten, erlösen, fürchten, hinauswerfen, verwünscht werden, bitten, klagen, suchen, verwechseln, singen, regieren, betteln

Wie es / man im Märchen sein kann
fleißig, mutig, unglücklich, verhext, feige, wunderschön, faul, reich, arm, einsam, staubig, verwünscht, potthässlich, verwunschen, verzaubert, glücklich

Beispiele der Märchen aus den Wörterdosen

Die Schlüsselbundkönigin

Es war einmal eine Königin. Sie war ganz unglücklich. Weil sie den Schlüsselbund für die Goldkammer verloren hatte. Dann ging sie zu den Wichtelmännern am Honigsee. Aber die Wichtelmänner konnten ihr nicht helfen. Am nächsten Tag ging sie sofort zu der Hexe Nastasia. Die Hexe verzauberte die Königin selbst in einen Schlüsselbund. Der Schlüsselbund konnte reden. Plötzlich kam ein Prinz angeritten. Der Schlüsselbund hat andauernd nach Hilfe gerufen. Das hat der Prinz gehört und er ritt zu dem Schlüsselbund hin. Die Hexe war gerade nicht da. Also suchte der Prinz den Zauberspruch aus dem Zauberbuch heraus. Mit diesem Zauberspruch hat der Prinz die Königin wieder in eine wunderschöne Königin zurückverwandelt. Und wenn sie nicht gestorben sind, dann leben sie noch heute.

Anne

Der Prinz

Es war einmal ein Prinz, der hatte eine Briefmarkensammlung, die sehr groß war.
Er hatte auch einen Schatz, aber der war verwünscht. Wer den Schatz berührte, der musste in den Glasberg. Der Prinz wusste das aber nicht. Und so hatte er den Schatz berührt. Da kam ein Geist und zog ihn zu dem Glasberg.
Er konnte nur befreit werden, wenn ihn eine Prinzessin heiraten würde. Nach langer, langer Zeit kam endlich eine Prinzessin. Sie war wunderschön und hieß Lena. Sie sah den schönen Prinzen und wollte ihn heiraten. So wurde der Prinz von ihr aus dem Glasberg befreit. Die Prinzessin und der Prinz warfen den Schatz in den Brunnen. Sie lebten glücklich und zufrieden bis an ihr Ende.

Melanie

Die Zauberflöte

Es waren neun Elfen, sie besaßen eine Zauberflöte. Eines Tages entdeckte sie ein böser König namens Igzorn durch ein Fernrohr. Er war sehr reich und potthässlich. Er sagte seinen Dienern, sie sollen ihm die Zauberflöte bringen. Die Elfen verschwanden, als die Diener kamen. Die Diener kamen nie wieder und der böse König wurde zu einem armen Bettler, und die Elfen hatten ihren Frieden bis zu ihrem Ende. Vielleicht sind sie sogar in unseren Wäldern noch immer zu finden.

Alex

Wörter aus der Rumpelkammer
Fellmütze, Nachttopf, Schnuller, Nuckelflasche, Schaukelpferd, Hasenstall, Zahnbürste, Kartoffelsack, Fernrohr, Flaschenschiff, Briefmarkensammlung, Tagebuch, Liebesbrief, Schlüsselbund, Hundeleine, Bratpfanne, Korkenzieher

So geschah es, dass ein Junge, sich über seine ausgewählten Wörter beugend zu seinem Nachbarn hinüber schaute und sagte: „Kannst du mir mal deine Fee borgen?" Er meinte das Wortkärtchen mit dem Begriff „Fee", aber bestimmt war unbewusst auch die Zauberkraft der Fee gemeint, auf die man sich im Märchen verlassen konnte.

Einen großen Raum nahm an den folgenden zwei Tagen das Vorlesen der entstandenen Märchen ein. Dabei wurde an das Ritual aus der Geschichte angeknüpft. Die Kinder aßen Kekse beim Vorlesen und es entstand eine entspannte, gemütliche Atmosphäre wie bei der Lesegesellschaft der Prinzessin im Schloss.

Beim Vorlesen merkten die Kinder, dass einige Texte noch Verbesserungen brauchten. Sie machten untereinander Vorschläge zum Überarbeiten, nahmen bereitwillig Korrekturen vor, Texte wurden weitergeschrieben oder gekürzt. Für die Texte wurden entsprechenden Buchhüllen gebastelt, denn schließlich sollten keine fliegenden Blätter bei der Prinzessin ankommen. Wie selbstverständlich bewegten sich die Kinder inzwischen im Rahmen der Märchenhandlung. Sie erfanden selbst, was für die Weiterführung der Handlung notwendig war. Die Studentinnen übernahmen immer mehr eine beratende Funktion. Die Kinder suchten ihren Rat und ihre Unterstützung beim Gestalten der Buchhüllen und vergewisserten sich bei ihnen über die Wirkung ihrer Produkte. Eine solche Kreativität und vor allem Selbstständigkeit der Kinder hatten die Studentinnen nicht erwartet.

Vor dem letzten Projekttag – der Präsentation vor den Eltern, Freunden und den anderen Klassen der Schule – galt es, die Ausstellung der „Verlorenen und wiedergefundenen königlichen Schlossbibliothek" zu arrangieren. Da wurde geklebt, gebaut, geschmückt, ein Museumsführer festgelegt, der die Exponate bewachte und erläuterte.

Die Kinder blickten stolz und zufrieden auf ihr Werk: eine neue, selbst geschriebene und kreativ gestaltete, prächtige Bibliothek. Sie war aus zwei großen Werkstätten zusammengesetzt: Einmal aus der freien Assoziation, die das Erzählen der Rahmengeschichte ausgelöst hatte und die durch die Phantasiereise noch verstärkt wurde, und zum anderen aus der Werkstatt, die mit Hilfe der Wörterdosen das Geschichtenbauen unterstützt hatte. Allen Texten haftete auch eine Spur ganz persönlichen Erlebens an, das man, wenn man den sozialen Hintergrund der Kinder kannte, in den Texten mitlesen konnte. Auf der Fläche der Märchenhandlung – dem klaren Märchenspielfeld – war aus diesen persönlichen und den überlieferten Elementen ein neues Erzählgewebe entstanden.

Gartenmärchen

Das Projekt lässt sich sehr gut während einer fächerübergreifenden Projektwoche organisieren, es kann über die normalen Unterrichtszeiten hinaus beispielsweise in den Hortnachmittag oder die Ganztagsschule integriert werden. Da es den Garten als Märchenraum thematisiert, sollte, wenn die Möglichkeit besteht, auch die Umgebung der Schule – ein Park, ein botanischer Garten und natürlich der Schulgarten – einbezogen werden.

Organisatorische Hinweise

Altersstufe:	Klasse 1 bis 4
Kompetenzen:	mit Sprache kreativ umgehen, eigene Texte schreiben, malen und gestalten, mit Wortbedeutung und Wortgestalt experimentieren, eigene Bücher gestalten
Textgrundlage:	verschiedene Märchenanfänge, Kunstmärchen und Volksmärchen, die in Gärten spielen, ABC-darien
Material:	weißer oder farbiger DIN-A4-Zeichenkarton zum Herstellen der Märchenbücher und Leporellos, Buntstifte, Wachsmalkreide, Scheren und Klebstoff
Zeit:	mind. 120 Minuten

Gärten zählen zu den Lieblingsräumen spielender Kinder. In ihrer Begrenztheit sind sie für die Kinder überschaubar, sie bieten Schutz und Geborgenheit. Als Orte zwischen Wildnis und Paradies, von Menschen geschaffen, gestaltet und behütet, aber in ihrem Wachsen und Vergehen auch unabhängig von ihnen, sind sie für kindliche Weltentdeckungen unerschöpflich. Was in Gärten an sinnlichen Erfahrungen – riechend, tastend, fühlend, hörend und schauend – gemacht werden kann, ist immer wieder neu, abenteuerlich und schön.

Gärten sind ideale Lernorte für Kinder. Hier lassen sich intensive Naturwahrnehmungen mit ästhetischer Wahrnehmung verbinden. Die Natur ist in einen Ausschnitt gebracht, sie hat einen Rahmen bekommen, der sie in ein lebendes Bild verwandelt. Hier kann Gestaltung und Form betrachtet, entdeckt und erlebt werden.

Einen Garten betritt man durch ein Gartentor. Das Tor ist der Übergang zwischen der Alltagswelt der Stadt mit ihrem Lärm und Verkehr und der grünen Stille des Gartens, die diesen Lärm bewusst aussperrt. Hinter dem Gartentor ist alles anders, dahinter ist man in einer anderen Welt, der Gartenwelt.

Schreibspielräume ähneln Gärten. Auch beim kreativen Schreiben betritt man einen anderen Raum. Er ist nicht alltäglich. Schreibend begeben sich die Kinder in den besonderen Raum ihrer inneren Bilder und Phantasien. Diese inneren Bilder gilt es zu wecken und fruchtbar zu machen. Nur wenn diese Quelle sprudeln darf und gepflegt wird, erleben die Kinder ihr Schreiben als lustvoll und befriedigend.

Für eine Schreibwerkstatt mit dem Thema „Gartenmärchen" sollte, wann immer das möglich ist, also das Erlebnis eines realen Gartens der Ausgangspunkt sein. Manche Kinder haben das Glück, einen Garten in der Familie und Verwandtschaft nutzen zu können. Vielleicht verfügt die Schule über einen Schulgarten, den man besuchen kann, oder ein botanischer Garten bietet sich für eine Exkursion an. Die lebendige Erfahrung des Gartenraumes ist die beste Voraussetzung dafür, dass die Kinder Vorstellungsbilder in diesen Raum projizieren können. Die Materialien, die in das Klassenzimmer mitgebracht werden, versuchen, diese realen Bilder zu aktivieren und phantastisch zu erweitern.

In der Mitte des Stuhlkreises, in den die Kinder zu Beginn der Schreibwerkstatt gekommen sind, liegen vorgefaltete Buchhüllen in drei verschiedene Größen, farbige Stifte, Scheren und Klebstoff, mehrere Bündel, auf der eine kleine Fee sitzt (die Frühlingsfee) und eine grüne Kiste. Wie sich später herausstellen wird, ist es eine Kiste mit Frühlingswörtern.

Zum Einstieg erzähle ich den Kindern von einem Garten am Rande der Stadt, einer Stadt wie dieser, in der die Kinder leben. Ich mache eine Zeit fest, in der die Geschichte spielen könnte: Vielleicht spielt sie an einem Tag wie dem heutigen. Es ist Sommer, es ist warm, am Nachmittag wird es ein bisschen regnen, die Vögel zwitschern und hinter der Regentonne schlängelt sich der Regenwurm hervor. Da geschieht es. Was?

Hier breche ich die Phantasiereise ab. Neugierig öffnen die Kinder die grüne Schachtel. Sie finden darin wiederum mehrere kleinere Schachteln. In jeder Schachtel befinden sich Wortkärtchen, die jeweils einer bestimmten Wortfamilie angehören. Die Kästchen haben immer auch leere Wortkarten, auf die die Kinder selbst Wörter schreiben können.

Die Schachteln sind beschriftet. Darin befinden sich: Gartenwörter, Frühlingswörter, Blumenwörter, Wiesenwörter, Nachtwörter, Zauberwörter.

Auch die Stoffbündel werden von den Kindern neugierig untersucht. In einem befinden

Märchenanfänge für Gartenmärchen

Gartenmärchen mit Fee

Es war einmal an einem Sonntag im Mai, in einem Garten am Rande der Stadt, am Nachmittag, vielleicht auch ganz, ganz früh am Morgen. Wenn man ganz genau hinsah, links von der Regentonne, saß da eine Fee in der Sonne und sonnte sich ...

Gartenmärchen mit seltsamen Gästen

Es war einmal in einem ganz normalen Garten, an einem ganz normalen Sonntag im Mai, da öffnete sich plötzlich die Gartentür und hereinspaziert kamen seltsame Gäste: das gestreifte Zebra, der dicke Nasenbär, das schöne, weiße Einhorn. Sie zogen bis zur Regentonne, klopften unten an den Bauch der Tonne und riefen: ...

Gartenmärchen mit vier Schildkröten

Es war einmal Mitte Mai in einem Garten am Rande der Stadt, da saß mitten auf der Terrasse, als es dunkel wurde, eine Schildkröte mit einem kleinen, roten Hut und schluchzte. Plötzlich kam eine zweite Schildkröte und zog ihr Taschentuch aus der Tasche und wischte sich die Tränen ab, und dann kam eine dritte Schildkröte, die schniefte, und dann kam eine vierte Schildkröte, die jammerte nicht, sondern sagte: „Also, meine Lieben, so geht das nicht, wir müssen ..."

Gartenmärchen mit Blumen

Es war einmal ein Garten, in dem lebten Theodor Tulipan und Katharina Krokus.
Ihre Freunde hießen Karl Kugeldistel, Gerda Gänseblümchen und Paula Pfingstrose ...

sich vier kleine Spielzeug-Schildkröten. In jedem der Bündel steckt ein Märchenanfang, der auf einen farbigen Papierstreifen geschrieben ist. In dem größten Bündel befindet sich eine zweite Fee. Vielleicht kann sie die Hauptfigur eines Märchens werden?

Die Kinder haben sich durch die verschiedenen Materialien, die bereit gestellten Wörter in den Wörterdosen, die Märchenanfänge und die beiden Feen dazu anregen lassen, selbst eigene Märchen zu schreiben. In den Texten der Kinder taucht häufig eine Frühlingsfee auf. Sie ist, wie meine Vorgabe auf der grünen Kiste, eine schusslige, verträumte, kleine Fee, eine Figur also, die durch ihre Defizite das Handlungsgeschehen des Märchens in Gang setzen kann. Die Kinder identifizieren sich gern mit den Schwächen der Figur, sie haben Spaß daran, eine Handlung zu erfinden, in der durch die Tollpatschigkeit der kleinen Fee Unordnung und sogar Chaos entsteht.

In nicht wenigen erfundenen Märchen der Kinder werden die Bedrohung der Umwelt und

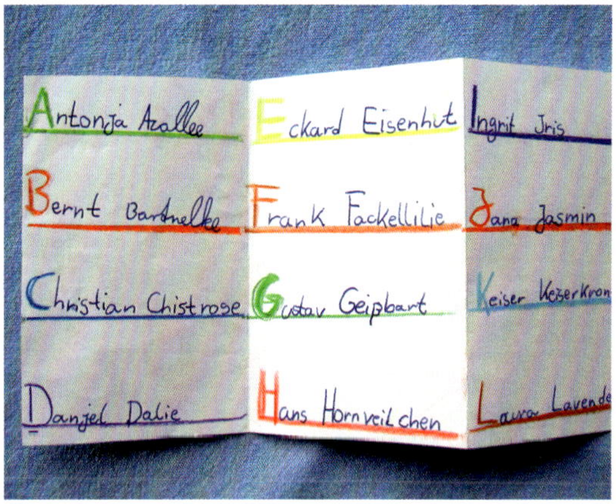

Selbstgestaltete Gartenmärchen und Leporellos mit phantastischen Blumennamen

die mutwillige Zerstörung der Natur thematisiert. In die friedliche Welt des Gartens brechen Zauberer und böse Hexen ein oder es beharren reiche Gartenbesitzer auf langweiligen Gärten und müssen mit einer List vom Gegenteil überzeugt werden.

Weiterführendes

In einem Projekt zu Märchen, die im Garten zuhause sind, bietet es sich an, auch Kunstmärchen einzubeziehen, die diesen Ort nutzen und von ihm erzählen. Besonders oft hat das Hans Christian Andersen getan. In seinem Märchen „Die Schnecke und der Rosenstock" verwickelt eine Schnecke Jahr um Jahr den Rosenstock in ein Gespräch über den Sinn des Lebens. Sie kommen zu keinem vernünftigen Schluss und das Märchen endet ganz ratlos. Im Märchen „Die Blumen der kleinen Ida" beobachtet ein kleines Mädchen, wie die Tulpen und Hyazinthen aus dem Garten nachts auf einen Ball gehen und tanzen. Der kleine Junge im Märchen „Mutter

Beispiele der Gartenmärchen

Der verhexte Garten

Vor langer Zeit gab es einen schönen Garten mit bunten Blumen, hohen Bäumen, vielen Tieren und einem schlauen Doktor Fuchs. Um sein Wissen zu erweitern und neues über Pflanzen und deren Heilkraft zu erfahren, machte sich der schlaue Doktor Fuchs auf den Weg zu einer Weiterbildung. Nun begab es sich, dass ein Zauberer nach einer anstrengenden Reise in dem Garten picknicken wollte. Also packte er sein Essen und Trinken aus, legte sich unter einen Baum und schlief ein. Kurz nachdem der Zauberer eingeschlafen war, kamen der Dachs, das Schwein und die Maus, aßen sein Käsebrot und tranken sein Wasser aus. Als der Zauberer aufwachte, sah er, dass die Tiere sein Picknick weggegessen hatten. Da wurde der Zauberer wütend und sagte: „So etwas lasse ich mir nicht bieten. Dieser Garten soll solange verzaubert sein, bis ein Tier dieses Rätsel löst: Es hat einen Rücken und liegt nicht drauf. Du brauchst keinen Hammer und schlägst es auf. Es hat keinen Mund und redet klug. Es ist kein Baum und hat Blätter genug." Damit verschwand der Zauberer. Als der Fuchs wieder im Garten ankam, wunderte er sich sehr, denn es herrschte totales Chaos. Das Schwein hatte Blütenblätter um den Hals. Eine Blume mit Schweinebeinen als Blätter brütete über ein paar Amseleiern, der Hahn steckte mit beiden Füßen in der Erde und miaute kläglich. Unter anderem war da noch ein Baum, an dem Amseln wuchsen, Äpfel mit Flügeln wie wild flatterten und vieles mehr. Ein Maulwurf mit rosa Pelz und Ringelschwanz buddelte sich zum erstaunten Fuchs und erklärte ihm alles. Der Fuchs hörte angestrengt zu, dachte eine Weile nach und sagte: Das hättet ihr auch selber rauskriegen können. Die Lösung lautet: Es ist ein Buch. Kaum hatte der Fuchs das Wort Buch ausgesprochen, blitzte und donnerte es gewaltig. Nachdem es aufhörte, war alles wieder wie vorher und der Fuchs sah, dass die Tiere ihn brauchten, den schlauen Doktor.

Konrad

Leonore Löwenzahn

Ja, so kann es gehen. Leonore saß noch schlaftrunken vor dem Fernseher und hatte die ganze Nacht durchgemacht. Ach ja, ich vergaß, ihr kennt Leonore Löwenzahn ja noch gar nicht. Leonore ist eine kleine Frühlingsfee und sorgt dafür, dass jede Biene sich an einer Blume erfreuen kann. Na ja, weiter geht es mit unserer Geschichte. Leonore tappte aus dem Haus und tat das, was sie tun musste und ging zum Botanischen Garten. Dort säte sie dummerweise Bratpfannen und Bobschlitten anstatt Tulpen und Krokusse. Und dann auch noch … Na ja, ich sage nur: Täglich grüßt der Pizzaservice. Sie hat doch wahrhaftig einen Pizza-Hut-Hut gesät. Sie hat wirklich alles durcheinandergeworfen. Als Leonore das sah, brach sie in Tränen aus und ertrank fast in ihnen. Doch das Glück verfolgte sie wie immer auf ihrem Weg. Und sie glaubte ihren Augen kaum. Dort war sie, nein es, das Glück in Person – Klara Kastanie. Diese hat zwar erst im Oktober Dienst, aber ab und zu wandert diese Elfe auch durch die Feenwelt und sie hat die Kraft, alles rückgängig zu machen. Unter einer Bedingung und die ist: der, der etwas rückgängig haben möchte, hat für zehn Tage Pickel und liegt mit 40° Fieber im Bett. Doch das musste Leonore über sich ergehen lassen. Zehn Tage außer Gefecht und dann schlief Leonore immer pünktlich um acht Uhr ein.

Marie

Blumen-Märchen
von Ernst Kreidolf

Holunder" hat nasse Füße bekommen und sich erkältet, nun liegt er im Bett und wünscht sich ein Märchen. Und wirklich wächst aus der Teekanne mit dem Duft des Tees ein schöner Holunderbusch und mit ihm ein Holunderblütenmärchen.

Am bekanntesten aber dürfte wohl der winzige Garten aus Blumentöpfen auf dem Dach des alten Hauses sein, indem sich Kai und Gerda im Märchen „Die Schneekönigin" trafen und glücklich waren. Aber dann folgt der Junge der bösen Schneekönigin und das kleine Mädchen begibt sich auf einen langen und gefährlichen Weg, um ihn zurückzuholen. Dabei kommt sie auch in den Blumengarten der alten Frau, die sie dabehalten möchte. Aber im Garten blühen die Rosen, die sie an Kai erinnern und an ihre schwere Aufgabe, und sie löst diese und geht weiter.

Der Garten als Märchenraum ist ein Raum voller Düfte und Farben, er lässt sich in Worten und natürlich auch in Bildern fassen. Der Bilderbuchkünstler Ernst Kreidolf hat sich immer wieder diesem Motiv gewidmet, seine „Blumenmärchen" (Kreidolf 1978) erfreuen sicher auch heute noch kindliche und auch erwachsene Leser. Er sei als ein Beispiel von vielen hier genannt.

Im Downloadbereich zu diesem Kapitel findet sich eine Übersicht für Projektthemen, die während einer Projektwoche an einer Grundschule mit allen Klassen bearbeitet wurden, sowie Bas-telanleitungen für verschiedene Buchformen wie Türbücher, Fensterbücher, Schlossbücher, Schatztruhen, Wickelbücher, Rollbücher u. v. a. m.

Zum Downloaden und Ausprobieren

- Themen für eine Projektwoche
- Buchformen

KAPITEL 7

Märchen spielen

Die dem Märchen am meisten entsprechende Form der Darbietung ist und bleibt sicherlich das Erzählen. Während die Worte das Ohr der Zuhörer erreichen, entstehen im Inneren Bilder. Das Märchen wird lebendig und bewegt sich. Jeder Zuhörer hat seine eigene kleine Bühne im Kopf. Wenn das Märchen aber selbst auf die Bühne geht, werden die Zuhörer gleichzeitig zu realen Zuschauern. Die Märchenbühnen werden ihm gebaut: im Theater, im Film und im Funkstudio. Was dadurch mit dem Märchen passiert und wie unterschiedlich Kinder diese Darbietungsformen erleben und auch selbst erproben können, wird nun vorgestellt.

Das spielende Kind

Im Spiel erprobt das Kind die Welt und seinen eigenen Platz darin. Spielen ist Probehandeln. Das wichtigste Werkzeug dafür ist die Phantasie, also das Vermögen, die Welt und die Dinge nicht nur mit allen fünf Sinnen wahrzunehmen, sondern sie sich auch vorstellen zu können. Insofern sind Spiele nicht nur Nachahmung und Ergebnis sehr guter Beobachtung von Wirklichkeit, sondern immer auch Konstruktionen und Entwürfe von ihr.

Unmögliches wird in der Welt des Spiels möglich: Ein Garnknäul wird durchs Zimmer gerollt, an Stuhllehnen und Türklinken verknotet, schon ist es ein großes Spinnennetz und man muss schnell hindurchkriechen, sonst frisst einen die Spinne auf.

Die Imaginationen reiben sich an der Wirklichkeit, entfernen sich von ihr und kehren verändert zu ihr zurück. Das Kind erlebt im Spiel sein eigenes Ich in unterschiedlichen Bezügen und erprobt dabei sein Selbstbild. „Ich bin jetzt mal der Wolf", sagt es, macht ein böses Gesicht, knurrt, hält die Hände wie Tatzen etc. Im Rollenwechsel lernt das Kind, mit Fremdheit umzugehen, kann seine eigenen Ängste bearbeiten.

Spielerisch wird auch ein Stück Zukunft befragt. Was wird sein, später, wenn es groß ist? Es fragt sich: „Vielleicht bin ich dann eine Prinzessin? Also probiere ich doch mal, eine Prinzessin zu sein. Oder ich bin ein König mit einer Krone und steige auf den Stuhl, denn das ist jetzt mein Thron." Das Kind baut aus Kissen und Bettlaken eine Höhle, versteckt sich darin und will gefunden werden. Oder es versteckt sich im Schrank und muss gesucht werden. Es spielt Szenen des Alltags nach, kann aber auch leicht zu literarischen Szenen wechseln, die es erzählt oder vorgelesen bekommen hat. Es probiert sie in einer von ihm inszenierten Als-ob-Situation aus.

Es gibt mannigfaltige Kategorien von Spielen, die das Kind während seiner Entwicklung nutzt: Funktions-, Fiktions-, Konstruktions-, Rezeptions- und Rollenspiele u. v. a., auf die einzugehen hier nicht der Raum ist. Dabei ist wichtig, dass das Spielen, Bilden und Gestalten als Prozesse zwischen Innen und Außen verstanden werden und das kindliche Spiel einen intermediären Bereich zwischen innerer und äußerer Realität herstellt (Schäfer 1989, S. 31 f.).

Kind beim Höhlebauen

Kind im Dialog mit dem Zuschauer

Der „intermediäre Bereich entwickelt sich direkt aus dem Spielbereich kleiner Kinder, die in ihrem Spiel *verloren* sind" (Winnicott 1995, S. 149). Lustvoll gespielt wird immer mit dem ganzen Körper, mit Stimme, Mimik, Gestik. Das Kleinkind spielt zunächst für sich und mit sich allein: mit seinen kleinen Zehen, einem Kleidungsstück, dem Zipfel eines Tuches. Das Spiel mit den Dingen – der Psychoanalytiker Winnicott nennt sie „Übergangsobjekte" – hilft dem Kind, den schwierigen Ablösungsprozess von der engsten Bezugsperson, der Mutter, zu bewältigen. Die Entdeckung eines Gegenübers, eines Zuschauers beim Spiel, bringt eine neue Qualität in dieses Spielgeschehen, zeigt noch auffälliger die soziale Komponente jeglichen Spiels. Spielend kann der Mensch seine im Inneren entstehenden Bilder, seine Wünsche, Vorstellungen und Träume in Beziehung setzen zu dem, was er in der Realität vorfindet. Schon im Erzählspiel ganz kleiner Kinder lässt sich beobachten, wie dieses Erzählen in die Luft gemalte Zeichen, ein Mitteilen von Bildern in Gestik und Spiel sind (Merkel 2000, S. 25/158).

Für das natürliche Bedürfnis des Kindes nach Ausdruckstätigkeiten bieten Märchen eine Vielzahl solcher Spielräume. Märchenhandlungen sind – formal gesehen – immer Spielhandlungen. Das Märchen spielt vor, wie menschliche oder tierische Wesen in einer existenziellen Notlage handeln, wie sie sich auf den Weg machen, um Aufgaben zu lösen und dabei Gefahren begegnen. Dabei werden innere Vorgänge nach außen gewendet und damit sichtbar gemacht: Das Gute ist schön, das Böse ist hässlich. Das Märchen polarisiert und typisiert und erleichtert damit das Spielgeschehen.

Vom Rollenspiel zum darstellenden Spiel ist es nur ein kleiner Schritt. Wenn das Spiel auf die Theaterbühne geht, wird das Spiel selbst zum großen Ereignis, an dem viele Menschen gleichzeitig teilhaben können.

Kindliche Zuschauer, die immer spontan und direkt auf alles, was sich vor ihren Augen und Ohren abspielt, reagieren, gestalten eine Vorstellung maßgeblich mit. Staunen und Verwunderung, Erschrecken und Irritation lösen einander ab und werden impulsiv gezeigt. Der

Regisseur Dieter Klinge vom Staatstheater Kassel beschreibt Theaterarbeit für und mit Kindern so: „Unser Theater für Kinder ist kein in sich komplettes Spielzeug wie eine Barbie- oder eine Actionpuppe. Es hat mehr Ähnlichkeit mit dem Baukasten oder den Malstiften: Wir bieten Bausteine an, aus denen Luftschlösser oder Gefängnismauern entstehen können; Malstifte, mit denen man Landschaften oder Porträts zeichnen oder abstrakte Kritzeleien zu Papier bringen kann. Unser Publikum ist ein Teil unserer Inszenierung. Und es darf sehr gern ein nicht aufgelöstes Geheimnis mit nach Hause nehmen" (Klinge 2007, S. 80).

Aufführung „Der König in der Kiste"

Das Märchenspiel auf der Theaterbühne

Im Theatererlebnis ist es möglich „die Alltagswirklichkeit zu verlassen und von einer anderen Wirklichkeitsebene aus auf die Wirklichkeit des Alltags zu blicken", erklärt der Theaterwissenschaftler Gerd Taube (Taube 2010, S. 156).

Was für das Theater generell gilt, betrifft auch das auf der Bühne gespielte Märchen.

Eine Theateraufführung wird dann interessant, wenn sie es schafft, dem Zuschauer die Möglichkeit zu eröffnen, Erfahrungen seiner eigenen Lebenswirklichkeit mit der Kunstwirklichkeit der Bühne in eine Beziehung zu setzen. Auf die Bühne (wie generell in Kunst und Literatur) kommen Modelle von möglichem Leben. Märchen aber sind in besonderer Weise Modelle, Fallbeispiele von Leben, die gleichnishaft und symbolisierend erzählt werden.

Die alten Märchen kann man gut und gern als den goldenen Fond nicht nur des Kinder- und Jugendtheaters sehen. Der Dramatiker Peter Hacks meint sogar, dass alles Drama sich in der Stoffwahl und künstlerischen Zurüstung vom Märchendrama kaum unterscheidet (Hacks 1984, S. 58).

Das Märchendrama kann Erwachsene und Kinder gleichermaßen erreichen, allerdings mit unterschiedlichen Inszenierungspraktiken. Eine spektakuläre Märcheninszenierung der Theatergeschichte ist die Aufführung „Der Drachen" von Jewgeni Schwarz in der Inszenierung von Benno Besson am Deutschen Theater Berlin (von 1965 bis 1981 fast 600 Aufführungen). Diese Inszenierung wie auch die des Märchendramas „Der Schatten" vom gleichen Autor ist eindeutig an Erwachsene adressiert gewesen. Seine Märchendramen „Die Schneekönigin" oder „Zar Wasserwirbel" in der Regie von Horst Hawemann am Theater der Freundschaft in Berlin (seit 1992 Theater an der Parkaue) wiederum sind Inszenierungen für Kinder (vgl. Wardetzky o. A.).

Bedauerlicherweise wird unter der Rubrik Märchentheater für Kinder in erster Linie das traditionell in der Weihnachtszeit gespielte und deshalb so bezeichnete „Weihnachtsmärchen" verstanden. Kristin Wardetzky hat festgestellt, dass es wenig gesichertes Material zum Bühnenmärchen für Kinder gibt und die Theaterwissenschaft

Auswahl an neuer Märchendramatik für Kinder und Jugendliche

Peter Brasch: Rosa und Linde und 3 Knappen oder die Hexen.
Uraufführung: 11.03.1987, Theater der Freundschaft, Berlin.

Franz Fühmann: Schlipperdibix und klapperdibax! Zwei Kasperlstücke. Rostock: Hinstorff Verlag 1985.
Uraufführung: Das Spiel vom Kaspar, der Königin Tausendschön und der noch tausendmal schöneren Prinzessin Schneewittchen, 09.11.1986, Hans-Otto-Theater, Potsdam.
Uraufführung: Das Spiel von der glücklichen Flucht des Prinzen Schaukelpferd vom Spielzeugland mit der Prinzessin Dana, 29.10.1988, Hans-Otto-Theater, Potsdam.

Peter Hacks: Arme Ritter. Ein Kindermärchen. Hrsg. von Klaus Rek. Berlin: Aurora Verlag 2012.

Horst Hawemann: König Drosselbart und das Mädchen Prinzessin.
Uraufführung: 22.02.1985, Theater der Freundschaft, Berlin.

Stefan Heym: Märchen für kluge Kinder. Berlin: Textbuch bei henschel Schauspiel Theaterverlag.

Paul Maar: Die vergessene Tür. Hamburg: Oetinger 2005.

Paul Maar: In einem tiefen, dunklen Wald. Hamburg: Oetinger 2000.
Uraufführung: E.T.A. Hoffmann Theater, Bamberg, 2000.

Paul Maar: Der König in der Kiste. Hamburg: Oetinger o. J.
Uraufführung: Theater für Kinder, Hamburg.

Paul Maar: Die Reise durch das Schweigen. Hamburg: Oetinger 1983.
Uraufführung: Württembergische Landesbühne, Esslingen.

Samuil Marschak: Das Tierhäuschen. Berlin: Kinderbuchverlag 1967 und 1997.
Erstaufführung: 06.10.1979, Theater der Freundschaft, Berlin.

Manuel Schöbel: Prinz Tausendfuss.
Uraufführung: 29.01.1987, Theater der Freundschaft, Berlin.

F. K. Waechter: Der singende Knochen und andere Theatermärchen. Frankfurt am Main: Verlag der Autoren 2006.

Albert Wendt: Der Vogelkopp. Meikirch: Rosemarie Oppliger Verlag 2003.
Uraufführung: 11.10.1985, Theater der Freundschaft, Berlin.

Albert Wendt: Prinzessin Wachtelei mit dem goldenen Herzen. Leipzig: Leiv Verlag 2004.
Uraufführung: Theater Grashüpfer, Berlin, März 2003.

Albert Wendt: Prinzessin Zartfuss und die 7 Elefanten. Wien: Jungbrunnen Verlag 2007.
Uraufführung: 07.11.1984, Volksbühne Berlin.

Albert Wendt: Padulidu und Lorelei. Berlin: Verlag Neues Leben 2001.
Uraufführung: 08.10.2000, DAS WEITE THEATER, Berlin.

Elisabeth Wiede: Das Untier von Samarkand. Berlin: Henschelverlag Kunst und Gesellschaft 1980.

lichkeit des Wolfes, die List, mit der die kleinen Schwachen das große Böse überwältigen können und schließlich das glückliche Ende. Es ist ein neues Märchen im vertrauten, alten Märchengewand. Die Besonderheit besteht ohne Zweifel in der musikalischen Umsetzung, die so originell und kindgemäß ist, dass sie schon mehrere Generationen von Kindern erfreut hat.

Mit Kindern Märchentheater spielen

Grundsätzlich eignet sich jedes Märchen zum Theaterspiel mit Kindern, wenn man eine paar Dinge vorab bedenkt (vgl. Hoffmann / Israel 1999; Zitzlsperger 1989). So sollte man gemeinsam beraten, ob für die Aufführungen Texte einstudiert, also richtige Rollen gelernt werden oder ob frei szenisch improvisiert wird. Beides ist reizvoll und machbar, die Entscheidung für das eine oder andere hängt immer davon ab, welche Interessen und Erfahrungen die jeweilige Kindergruppe und die Spielleiter haben. Wichtig ist zudem, dass man jedem Kind, das mitspielen will – gleichgültig, ob mit fester Rolle oder frei improvisierend –, die Chance geben sollte, es auch tun zu können. Da das Theaterspiel ein kollektives Spiel ist, besteht immer die Möglichkeit, viele Personen daran zu beteiligen. Neben dem Spiel der Schauspieler gibt es auch die Personen, die Regie führen, sich um die Kulissen kümmern, die Kostüme herrichten, die Beleuchtung organisieren, Programmzettel und Plakate entwerfen usw. Auch leblose Dinge, die eigentlich nur Kulisse sind, können zur Rolle avancieren: der Backofen, die Truhe, die Bäume des Waldes, das Tor.

Bevor die Proben beginnen können, muss der Märchentext in Sequenzen (Szenen, Akte) aufgeteilt werden. Da das Märchen an sich schon dreigliedrig ist (Ausgangssituation – Aufbruch des Helden und zu lösende Aufgaben – glückliches Ende), ist die Aufteilung meist kein Problem.

Auch auf der großen Bühne lassen sich unterschiedliche Spielformen nutzen: Es kann eine musikalische Inszenierung werden, dann werden auch Lieder gesungen, Instrumente genutzt und es kann getanzt werden. Bei einer pantomimischen Aufführung wird ganz ohne Worte gespielt, ein Maskenspiel braucht besondere Requisiten (Masken können sehr gut auch von Kindern angefertigt werden). Ein Schattentheater kann mit dem ganzen Körper unter Verwendung besonderer Lichtquellen oder als Tischtheater mit dem Overheadprojektor erarbeitet werden. Ein Figurentheater oder Puppentheater (heute auch als Theater der Dinge bezeichnet) braucht Puppen für das Spiel und bestimmte Materialien.

Einen anschaulichen Praxisbericht zum Märchenspielen mit Kindern bietet Tanja Kühn in ihrem Beitrag (vgl. Kühn 2005). Sie wollte das Ende der Grundschulzeit mit ihrer 4. Klasse auf besondere Weise begehen und entschied sich für eine Aufführung des Märchendramas „Armer Ritter" von Peter Hacks.

Das Stück erzählt von Kaspar, dem armem Schildknappen, der in einer verfallenen Burg lebt und sich kärglich von Rüben ernährt, bis er eines Tages aufbricht, um den dreizehnköpfigen Drachen Feuerschnief zu besiegen. Obwohl er schlecht für den Kampf ausgerüstet ist und die edlen Ritter Gurlewanz und Firlefanz das eigentlich viel besser könnten, reitet er mutig in den Wald Jetieferjeschwärzer. Kaspar besiegt den bösen Drachen und bekommt zum Lohn auch die Tochter des Rosenkönigs. Doch die schöne Blütenprinzessin hat einen Makel, ihr Leib ist von Rosendornen umhüllt. Mit einem Trick gelingt es Kaspar, die Prinzessin von ihren Dornen zu befreien – und wie im Märchen vom Dornröschen endet die Geschichte mit der glücklichen Hochzeit des nun nicht mehr armen Ritters.

Während sich Tanja Kühn für ein Theaterspiel mit auswendig gelernten Rollen auf der Bühne entschied, erarbeitete ihre Kollegin Sylvia Seebohm mit einer anderen Spielgruppe eine Fassung des Stückes als Schattenspiel (vgl. Seebohm 2005). Schon das erste Vorstellen des Theaterprojekts löste bei den Kindern Staunen und Verwunderung aus, erlebten sie doch, dass ihnen ein Text nicht mehr nur vorgelesen wurde (eine Vorlesekultur wurde seit langem in der Klasse gepflegt), sondern dass ihre Lehrerin vor der Klasse stehen blieb und den Text „vortrug". Plötzlich wurden aus einem Text mehrere Texte, die wörtliche Rede (die sie ja kannten) erhielt beim Vortrag jeweils eine bestimmte Gestik, Mimik, Stimmfärbung etc. Die vielen Stimmen aber verbanden sich wiederum zu einem großen Ganzen. Das überraschte die Kinder und machte sie neugierig, so etwas wollten sie auch ausprobieren! Zur Rollenverteilung und Einübung kamen andere, für die Kinder genauso interessante, Aufgaben: Ein Bühnenbild wurde entworfen, Kostüme gestaltet, Requisiten organisiert etc. Die Schattenspieler entdeckten die magische Wirkung von Licht und Schatten und experimentierten mit den Techniken der Umsetzung. Beide Aufführungen wurden große Erfolge, die allen weit über die Grundschulzeit hinaus in Erinnerung bleiben werden.

„Armer Ritter" als Schattenspiel

Das Spiel mit der Puppe

Beim Puppenspiel, einem der ältesten theatralischen Kunstformen, agieren Schauspieler mit verschiedensten Formen von Handpuppen, Marionetten, Papierfiguren und Gegenständen auf einer Bühne, die manchmal schon in einem einzigen Zimmer Platz findet (z. B. im Figurentheater „Märchenteppich" in Halle, wo der Theaterraum nur Wohnzimmergröße hat). Die Puppe, die der Schauspieler führt, ist sein zweites Ich, eine Art Stellvertreter für ihn und gleichzeitig auch wieder ein Anderer, dem er Leben einhauchen kann. Vielleicht ist der Vorgang vergleichbar mit einem Instrument, das ein Musiker in der Hand hält und spielt.

Puppentheater ist längst nicht mehr nur Kaspertheater, sondern überschreitet heute die Grenze zur darstellenden Kunst, zur modernen Performancekunst, zum Tanz und zur Musik (vgl.

Links: Puppenspiel „Rapunzel" durch das Theater SiebenSchuh (Sabine Kolbe/ Anne Swoboda)

Verschiedene klassische Handpuppen

Taube 2010). Indem die eigentlich stummen Dinge wie Puppen, Gegenstände oder auch Naturmaterialien beseelt werden, verwandeln sie sich von Objekten zu Subjekten der Handlung.

Johann Wolfgang Goethe spricht in seinen Lebenserinnerungen „Dichtung und Wahrheit" von der großen Faszination, die das Puppenspiel bei ihm als siebenjährigem Kind hinterlassen hat. Die Großmutter hatte es zum Weihnachtsgeschenk für die Kinder inszeniert. In ihrem Wohnzimmer erlebte Goethe zum ersten Mal die „kleine Bühne mit ihrem stummen Personal", sie ist für sein literarisches Schaffen prägend geworden.

Ein Bühnenraum für das Spiel mit Puppen lässt sich mit wenigen Handgriffen auch Zuhause improvisieren. Eine Decke, zwischen zwei Türpfosten gespannt, verwandelt das Kinderzimmer

Stabpuppen von Magdalena (5 Jahre) und Clara (3 Jahre) zum Märchen „Aschenputtel"

in einen Theaterspielraum. Auch die Puppen lassen sich mit Kindern selbst herstellen. Eine der einfachsten Formen sind Stabpuppen, für die man nur Zeichenkarton, Buntstifte, Schere und einfache Holzstäbe braucht. So entstanden die kleinen Stabpuppen von Magdalena (5 Jahre) und ihrer Schwester Clara (3 Jahre) zum Märchen „Aschenputtel".

In einer ersten Klasse gestalteten Kinder mit Kochlöffeln ein „Märchenhaftes Kochlöffeltheater", in einem anderen Projekt nutzten die Kinder für ihre eigenen Märchenhexen Teile von Ästen, Garnreste u. Ä. oder bastelten mit Styroporbällen, Filzresten, Stöckchen und taschentuchgroßen Stoffresten eigene Figuren.

Das Papiertheater

Papiertheater sind in der Biedermeierzeit entstanden, als die Grimmschen Märchen sich schon als Kindheitslektüre verbreitet hatten und in den Salons und Bürgerstuben die papierenen Bilderbögen und Ausschneidebögen immer populärer geworden waren. Die Begeisterung für das Theater hatte seinen Weg ins bürgerliche Wohnzimmer gefunden. Die Vorläufer der kleinen Bühnen waren Papierkrippen und Guckkästen, in denen abenteuerliche Begebenheiten szenisch dargestellt wurden. Am Ende des 19. Jahrhunderts gehörten Bilderbögen und Papiertheater zur literarischen Geselligkeit des Bürgertums und waren durchaus nicht nur ein Papierspielzeug für Kinder (vgl. Grünewald 1993).

Selbstgefertigte Spielpuppen

Bis heute hat sich die Begeisterung für diese kleinen Papierbühnen gehalten. Sie werden mit Kindergruppen in pädagogischen Räumen und in der Schule genutzt, sind aber durch ihre Miniaturmaße ein eher intimes Spiel für die kleine gesellige Runde. Wenn zu Papiertheaterfestivals eingeladen wird, dann mit dem Hinweis, dass maximal 25 Personen dem Spiel gleichzeitig zuschauen können.

Die Bilderbuchkünstlerin Heike Ellermann hat einige ihrer Bilderbücher zu Spielvorlagen für das Papiertheater genutzt und eine einfache Anleitung zum Bau eines eigenen Papiertheaters erarbeitet (). Unter anderem haben Grund-

„Das Eisschloss“ von Heike Ellermann als Papiertheater

Kinder beim Spiel mit dem selbstgefertigten Papiertheater

schulkinder mit ihr zusammen das Papiertheater zum Märchen „Das Eisschloss“ ausprobiert.

Das Märchen erzählt in kühlen Winterfarben, wie die Bewohner des Eislandes die Ankunft der Sonnenstrahlen fürchten. Die Sonne wird alles schmelzen, womit bzw. worauf / worin sie leben. Gegenseitig sprechen sich die Bewohner Mut zu, durchzuhalten, bis wieder die Winterzeit anbricht.

Theater für die Ohren

Um ein Hörspiel oder Hörbuch zu genießen, muss man nicht das Haus verlassen. Es braucht nur ein wenig Zeit und die Bereitschaft, sich ganz und gar dem Zuhören hinzugeben. Man kann allein sein, mit geschlossenen Augen auf dem Sofa sitzen, und erlebt dennoch große Abenteuer und wundersame Begegnungen. Das Hörbuch oder

Hörspiel bietet Theater für die Ohren. Die Bilder schaffen sich die Zuhörer ganz allein.

Das Hörbuch ähnelt dem Vorlesen oder Erzählen, oft wird eine komplette Textfassung eines Märchens vorgestellt. Aber die Lesung durch professionelle Schauspieler ist so kunstvoll, dass ganz neue, für die Zuhörer überraschende, Wirkungen erzielt werden können. Im Unterschied zum Hörbuch ist ein Hörspiel eine szenische Gestaltung, die eine eigene Dramaturgie verlangt. Hier wird nicht nur mit akustischen Effekten wie Stimmen, Geräuschen und Musik gearbeitet, es gibt – wie beim Spiel auf der Theaterbühne – eine Gliederung der Handlung in Sprechakte. Da ein Hörspiel nichts visuell zeigen kann, muss die gesamte Handlung in akustische Vorgänge übertragen und durch die Dialoge erkennbar werden.

Hörspielautoren sind Dramatiker, die häufig sowohl für die große Bühne als auch für den Rundfunk arbeiten, wie z. B. der Leipziger Dramatiker Albert Wendt, dessen Stücke in beiden Spielorten aufgeführt werden und der inzwischen auch angefangen hat, seine Märchendramen zu Kinderbüchern umzuschreiben (vgl. Sauwetterwind/Vogelkopp/Prinzessin Zartfuss etc.).

Der Hörbuch- und Hörspielmarkt ist in den letzten Jahren enorm gewachsen, vielfältig und experimentierfreudig. Nur auf drei Beispiele kann hier exemplarisch verwiesen werden:

- Jutta Bauer: *Die Königin der Farben. Ein musikalisches Märchen* (HörbuchCompany)

Die Geschichte erzählt von der herrischen Königin Maldwida, die auf eigenwillige Weise ihre Untertanen, die Farben, ruft. Das sanfte Blau, das wilde und gefährliche Rot und das etwas zickige und gemeine Gelb treten auf und streiten sich, was ein graues Farbgemisch ergibt, welches alle, auch die Königin, traurig macht. Tränen tropfen auf das Grau und plötzlich kommen die Farben zurück: das sanfte Blau, das wilde Rot und das warme Gelb. Zusammen sind sie ein tanzendes und Purzelbäume schlagendes Bunt und alles ist wieder gut.

Das Märchen wendet sich schon an Kinder ab vier Jahren, im Hörbuch ist es mit der Schauspielerin Katharina Thalbach besetzt und ein Hörgenuss besonderer Art.

- Die Hörbuchsammlung „*Der Große Deutsche Sagenschatz*" (Hörverlag 2011)

Sie stellt eine repräsentative Auswahl bekannter Sagen vor, die im deutschsprachigen Raum gesammelt und aufgeschrieben wurden. Hier finden sich neben Sagen der Brüder Grimm und Ludwig Bechsteins diverse Heimatsagensammlungen aus unterschiedlichsten Regionen, u. a. sächsische, rheinische, norddeutsche, thüringische und schwäbische, mecklenburgische oder brandenburgische, aber auch ein Teil jüdischer Volkssagen. Interessanterweise ist die Hörbuchsammlung aber nicht nach den Regionen gegliedert, wie die meisten Sagenbüchern das zu tun pflegen, sondern nach den populären Helden geordnet, von denen die Sagen erzählen.

So entstehen originelle Gemeinschaften von „Zauberern & Hexen", bei denen man Doktor Faustus in Auerbachs Keller in Leipzig begegnet und dem sorbischen Volkshelden Krabat, der mit dem bösen Zauberer von Schwarzkollm kämpft. In diese Gemeinschaft gehören aber auch die Hexen vom Blocksberg oder die armen Kinder von Hameln, die dem Rattenfänger folgen. In der Gemeinschaft der „Teufel & Geister" agiert der Schimmelreiter auf seinem Deich, der fliegende Holländer und die Erdmutter Frau Holle. Zu den „Zwergen & Riesen" gehören beispielsweise der Rübezahl aus dem Böhmerwald, die Riesin mit dem Riesenspielzeug und die kleinen Heinzelmännchen. Unter den „Wassermännern, Klabautern & Nixen" kann man den Liedern der Loreley nachsinnen, die schöne Melusine kennenlernen und auf die fernen Geräusche der versunkenen Stadt Vineta horchen. Zu den „Königen, Rittern & Edelfräulein" gehört natürlich der Drachentöter Siegfried; hier finden sich aber auch Lohengrin oder Tannhäuser. Als „Helden, Heilige & Narren" begegnen wir u. a. Störtebecker, den Schildbürgern oder der heiligen Genoveva.

- Das Märchen *„Der gestiefelte Kater"* (Edition SeeIgel)

Das Märchen vom „Gestiefelten Kater", das die Brüder Grimm in ihrer Erstausgabe der Kinder- und Hausmärchen von 1812–15 publizierten, geht auf eine Erzählfassung von Jeanette Hassenpflug zurück, die in ihrer französisch beeinflussten Familie dieses Märchen kannte und erzählt bekam. Es stammt ursprünglich von Perrault, wurde aber auch schon 1797 von Ludwig Tieck in seinem Märchenspiel in drei Akten veröffentlicht. Die Brüder Grimm nutzten sowohl die französische Fassung Charles Perraults als auch die von Tieck, aber in der zweiten Ausgabe der „Kinder- und Hausmärchen" verschwindet das Märchen wieder aus der Sammlung, um im folgenden Jahrhundert und bis in die jüngste Gegenwart umso häufiger adaptiert zu werden (Scherf 1995, S. 1272).

Es gibt zahllose Nachdichtungen, Verfilmungen und Dramatisierungen für die Puppenbühne, den Film, das Fernsehen und auch für die Opernbühne. Die Hörbuchfassung, die Ute Kleeberg für die Edition SeeIgel erarbeitete, ist aus zahllosen Quellen und Textfassungen gespeist, im Hörbuchtitel wird aber hauptsächlich auf Charles Perrault als Textquelle verwiesen. Die Besonderheit dieses Hörbuches liegt in der Kombination von Märchentext und klassischer Musik, ein Markenzeichen der Produktionen des „Edition SeeIgel". Im Märchen vom listigen Kater gibt einen Mix aus Musik von Ludwig van Beethoven, Ciacinto Bondioli, Claude Debussy, Gabriel Fauré, Michail Glinka und Jacques Offenbach. Besonders eingängig und gelungen erscheint das Titelmotiv von Beethoven, das in Variationen immer wieder dann erklingt, wenn der Kater sich auf den Weg macht.

Märchenhafte Filme

Zunächst: Filme sind ein Medium, das Kinder leidenschaftlich rezipieren, aber nur begrenzt selbst produktiv gestalten können. Während das Theaterspielen (in allen seinen vielfältigen Formen) als von Laien praktizierte Kunstform eine lange Tradition hat und als solche sehr früh auch Kinder und Jugendliche erreichte, stellt die Erarbeitung eines eigenen Hörspiels oder Spielfilms an Kinder und Erwachsene erhebliche Anforderungen, die ohne ein spezielles technisches und handwerkliches Können nur schwer zu meistern sind.

Daher wird es in diesem Abschnitt um die Rezeption und nicht so sehr um die Produktion des Genres Film und Medien gehen.

Für viele Kinder findet die erste Begegnung mit dem Märchen nicht mehr über das Vorlesen oder Erzählens des Märchens statt, sondern über das Medium Film. Diese Tatsache kann man weder leugnen noch übersehen. Kinder verbringen heute sehr viel mehr Zeit vor dem heimischen Fernseher oder anderen digitalen Geräten und bekommen dort über die Programme der Kinderkanäle eine große Auswahl an Zeichentrickfilmen und Märchenfilmen geboten. Die Diskussion um die Nützlichkeit oder Schädlichkeit des gestiegenen Fernseh- und Medienkonsums von Kindern wird unabhängig vom Märchenfilm generell und ziemlich heftig seit langem geführt. Sie kann hier nicht Gegenstand sein, aber die

Frage, was mit dem Märchen beim Transfer in das filmische Medium passiert und wie die Kinder Märchenfilme im Unterschied zum Buchmärchen erleben, soll aufgegriffen werden.

Im Film beginnen die Bilder zu laufen. Schon bei dieser Beschreibung muss man aufpassen: Von Bildsprache wird gesprochen, wenn es um die inneren Bilder geht, die als Vorstellungsbilder bei jedem Zuhörer individuell und anders entstehen. Bildersprache meint die äußerlich sichtbaren Bilder, die in der Bildenden Kunst, bei Illustrationen und eben auch im Film erzeugt werden (vgl. Schmitt 2000, S. 71 f.). Film ist aber nicht nur Bildersprache, sondern ein komplexes ästhetisches Gebilde aus Laufbild, Wortsprache, Geräusch und Musik. Technische Raffinessen, wie die Möglichkeiten des Zooms, der Montage, der Rückblende oder Überblendungen, Zeitraffer und Verwandlungstricks, erzeugen eine neue, ungemein reizvolle Aura, die Kinder und Erwachsene gleichermaßen in ihren Bann ziehen können.

Märchenfilme unterliegen (auch darüber wird immer wieder gestritten) den Gesetzen der Literaturverfilmungen. Weil Märchen im allgemeinen Verständnis mit Kind und Kindheit assoziiert werden, wird der Märchenfilm immer zugleich als Kinderfilm gesehen. Als es Walt Disney in Amerika 1937 mit „Snow Whit and the Seven Dwarfs" schaffte, einen abendfüllenden Zeichentrickfilm ins Kino zu bringen, war das eine Sensation. Die frühen Animationsfilme der Walt-Disney-Produktion sind heute zu Klassikern avanciert (Heidtmann 2007, S. 94). Die Verfilmung der allgemein bekannten Märchenstoffe, der Wiedererkennungswert der vertrauten Figuren und Motive war hoch und wurde von den Produzenten bewusst kalkuliert. In Deutschland setzten sich diese Zeichentrickfilme erst sehr viel später durch. In den Nachkriegsjahren entwickelte sich der Märchenfilm ähnlich wie das Märchentheater und die Verlagspraxis der Buchmärchen in den beiden deutschen Staaten unterschiedlich. In beiden Bereichen ließen sich hervorragende ästhetisch anspruchsvolle oder auch triviale, auf billigen Unterhaltungswert zielende Beispiele nennen (vgl. ebd.).

Die Diskussion um Sinn oder Unsinn filmischer Adaptionen von Märchen wird, so kann man verallgemeinernd sagen, immer dann unproduktiv, wenn wortsprachliche und filmsprachliche Vermittlung in Konkurrenz zueinander gestellt werden. Beide haben ihre Berechtigung, ihre je spezifischen Eigenarten, sind jeweils anders und können gut oder schlecht gelingen.

Erzählen oder Zuschauen

Einer der immer wieder geäußerten Bedenken gegen den Konsum von Märchenfilmen ist die von Helga Zitzelsberger so formulierte Sorge: „Erzählen von Märchen schließt Unmittelbarkeit, Blickkontakt, Stimme, Mimik und Gestik ein. Der Film schenkt *keinen* Blickkontakt und *keine* menschliche Nähe, vielmehr zieht er den Zuschauer auf visueller und akustischer Ebene ganz in sich hinein" (Zitzelsperger 2000, S. 34). Die Betonung des großen Vorteils der mündlich rezipierten Märchen hat natürlich etwas mit seinen gattungsspezifischen Besonderheiten zu tun. Das Märchen wurde über Jahrhunderte hinweg erzählt, die Worte allein waren die Fährschiffe der Bilder. Die Mimik und Gestik des Erzählers, sein lebendiger Bezug zu seinen Zuhörern waren wichtige Unterstützer. Aber die Bilder im Kopf der Zuhörer wurden letztlich durch die Poesie der Worte angeregt. In ihrer Symbolik, ihrer formelhaften poetischen Magie lag und liegt die große Wirkungsmacht der mündlichen Erzählgebilde.

So ist es zu verstehen, dass Kristin Wardetzky bei einer Untersuchung zur kindlichen Märchenrezeption feststellen konnte, dass Kinder eine größere Beständigkeit im Verhältnis zum Originalmärchen haben als zum gesehenen Märchenfilm (Wardetzky 1995, S. 11). Bei der Nennung ihrer Lieblingsmärchenfilme favorisierten die Kinder immer wieder andere Titel, während ihre Beziehung zu gelesenen oder erzählten Märchen relativ konstant blieb. Die Kinder waren ganz offensichtlich fasziniert von den geschauten Disney-Märchenfilmen, konnten sich aber weitaus länger an wortwörtliche Passagen aus den Originalmärchen erinnern. Die Filme sind „wie ein Rausch, der im Moment stark und wunderbar ist, der aber ebenso schnell verfliegt. Das selbst gelesene oder gehörte Märchen hingegen scheint stärker zu einem eigenständigen Produkt des Kindes zu werden und sich damit stabiler im Gedächtnis zu verankern" (ebd. S. 12).

In einer im Mai 2000 erfolgten vergleichenden Untersuchung zur Rezeption der Zeichentrickfilme „SimsalaGrimm" durch Kinder an Berliner Grundschulen (vgl. Weisse 2000) lautet das Fazit ähnlich: Die Filme haben die Kinder zwar unterhalten, aber nicht nachhaltig beeindruckt. So „bleibt der Zeichentrickfilm den Zuschauern schuldig, was das Märchen seit Jahrhunderten leistet: das tiefe Sich-Einlassen auf gefährliches und schreckliches Erleben in der Sicherheit, dass es gut ausgehen wird, und das wunderbare Gefühl der Erleichterung, der Erlösung, der Bewunderung und Anerkennung nach überstandenen Gefahren" (Wardetzky 2000, S. 170).

Die Deutschdidaktikerin Iris Kruse (Kruse 2014) gibt in ihrem Beitrag über die Pilotstudie zur intermedialen Märchenrezeption von Kindern im Grundschulalter zu bedenken, dass das Märchen ähnlich wie der kinderliterarische Buch-Text immer dann seine volle Wirkung bei Kindern eröffnen kann, wenn die Kinder es im Familienalltag gewohnt sind, dass ihnen vorgelesen, erzählt und miteinander gesprochen wird und sie früh Zugänge zur elementaren Schriftkultur erhalten haben. Da aber der Großteil der Kinder diese Zugänge nicht erlebt hat, sollten literarische Medien wie Zeichentrickfilme, Realfilmserien, Comicadaptionen u. Ä. nicht ausgeschlossen, sondern vielmehr genutzt werden, um Kindern Wege in die Literatur zu eröffnen. In ihrer Untersuchung konnte Iris Kruse zeigen, dass Kinder, die anfänglich solchen ästhetisch anspruchsvollen Märchenbilderbüchern wie Lacombes „Schneewittchen" oder Janssens „Hänsel und Gretel" skeptisch gegenüberstanden, weil sie ihre üblichen Sehgewohnheiten massiv irritierten, durch die intensive Auseinandersetzung in intermedialen Lernsituationen einen nachhaltigen Zugang dazu fanden. Die Kinder konnten die Märchentexte über ganz unterschiedliche Medien kennenlernen und kritisch vergleichen. Sie hörten das Originalmärchen, zeichneten, malten und kneteten dazu, diskutierten verschiedene Illustrationsstile, erlebten die Märchen als Hörspiel, Realfilm und Zeichentrickfilm, sprachen ihre Gedanken monologisierend in einer „Gedankenhöhle" auf Diktiergeräte, führten Bilderbuchgespräche in Lerngruppen und schrieben freie Texte zu den Märchen.

Auf diese Weise erarbeiteten sich die Kinder eine medienkritische Haltung, die sie befähigte, kompetenter mit den unterschiedlichsten medienästhetischen Angeboten umzugehen.

Zu einer vergleichbaren Schlussfolgerung kamen auch die Erzählerinnen in den Projekten von „ErzählZeit", die erleben konnten, wie Kinder, die Deutsch als Zweitsprache lernten und durchaus nicht gewohnt waren, nur mündlich vorgetragenen, anspruchsvollen Erzählungen zuzuhören, mit der Zeit ein Gespür für die poetische Wortkunst bekamen, sich ihr eigener Wortschatz erheblich erweiterte und sie anfingen selbst zu Erzählern zu werden. Die sprachlichen und erzählerischen Kompetenzen der Kinder sind aber, das darf man nicht vergessen, über längere Zeiträume intensiver pädagogischer Arbeit gewachsen. Auch die Versuchsanordnungen des Pilotprojektes von Iris Kruse sind aufwändig und nicht in einer einzigen Schulwoche zu realisieren. Es braucht Zeit und es braucht gute pädagogische Konzepte und Geschick, Willen und Hartnäckigkeit, sie umzusetzen.

Das Märchen – wie jede Kunstform – kommt nicht allein zu den Kindern. Vor 100 Jahren sind es noch die Mütter und Großmüttern gewesen, die am Küchentisch oder Kinderbett Märchen erzählt haben. Die heutigen mediengestressten Kinder begegnen dem Märchen in verschiedenen Gewändern: schön angezogen im Kostümfilm, verniedlicht im Kaufhausbilderbuch, verballhornt im Comic, ernst genommen im guten Kinderfilm, stimmlich und musikalisch zum Klingen gebracht auf der Opernbühne und im Radio, theatralisch verfremdet auf der Theaterbühne, irritierend neu erzählt im Künstlerbilderbuch und spannend und schön langsam erzählt und vorgelesen von Jedem, der weiß, welche ermutigende und hilfreiche Botschaft das Märchen hat und wer sich Zeit nimmt, sich darauf einzulassen und den Kindern hilft, ihren ganz eigenen Zugang dazu auch finden zu können.

Zum Downloaden und Ausprobieren

- Fingerpuppen selbstgemacht
- Puppenspielformen
- Anleitung zum Papiertheater

Ausblick

Die sieben Türen der Märchenhäuser haben sich geschlossen. Aber davor, in der freien Landschaft, ist allerhand los. Zwei Kinder laufen mir entgegen. „Du hast vergessen, von uns zu erzählen", sagen sie vorwurfsvoll.

Wie konnte das passieren? In ihrer Geschichte, die Alfred Wellm in seinem Kinderbuch „Karlchen Duckdich" (1977) erzählt, spielt das Märchenerzählen eine wichtige Rolle. Kristina und ihr großer Bruder Karlchen sind aus dem Dorf Vierfelde in die große Stadt gezogen. Karlchen läuft mit seiner kleinen Schwester durch die fremden Straßen. Alles ist anders, als sie es gewohnt sind. Sie fürchten und wundern sich sehr. Kristina glaubt, dass die Schaufensterpuppen verzauberte Königstöchter sind. Karlchen glaubt das nicht, aber er widerspricht ihr nicht, sondern erfindet sogar noch etwas dazu: den König der Dolomiten, dessen Schloss hinter dem blauen Zaun steht. Am blauen Zaun lauern die großen Jungen, die sie hänseln und verhauen wollen. Karlchen beschützt seine Schwester und lenkt sie mit den erfundenen Märchen ab. Auch am Abend sind die Kinder allein. Vor dem Einschlafen darf Kristina immer drei Fragen stellen, die man ihr beantworten muss. Eines Abends will sie von ihrem Bruder wissen, ob die Schaufensterpuppen wirklich verzauberte Königstöchter sind und es wirklich den König der Dolomiten gibt und sein Schloss hinterm blauen Zaun. Der Bruder muss zugeben, dass alles nur erfunden ist. Enttäuscht und traurig wendet sich die Schwester ab. Die Märchen sind entzaubert. Aber in der Nacht schleicht sie zu ihrem Bruder. Er muss ihr schwören, dass sie am nächsten Tag wieder in die Dolomitenstraße zu den schönen verzauberten Königstöchtern gehen. Der Bruder verspricht es. Die Märchen kehren zurück.

Noch jemand erwartet mich. Ein alter Mann kommt auf mich zu, hinter ihm ein Bär. Ist das nicht Mischka? Sie sprechen mich an: „Warum hast du uns vergessen?" Ich weiß, ich hätte von Väterchen Frost, der uralten russischen Märchenfigur erzählen können, die später in den Weihnachtsgeschichten heimisch wurde. Der Bär ist eine der zentralen Tierfiguren des russischen Märchens, auch das Pferd mit dem guten Herzen begegnet einem dort und der König heißt Zar und die Prinzessin Zarentochter. Der russische Märchensammler Afanasjew hat ähnlich wie Jacob und Wilhelm Grimm die Märchen und Sagen vieler Regionen gesammelt und aufgeschrieben.

Da ist noch ein großer, goldener Drache! „Warum hast du mich vergessen?", fragt der Drache traurig. Ich hätte von den Drachen der alten chinesischen Märchen erzählen können und von dem tapferen Bogenschützen und der Mondfrau.

Hinter dem Drachen, halb verdeckt, sehe ich den König der Tiere, den Löwen. „Warum hast du uns vergessen?", faucht der Löwe. Der afrikanische Kontinent ist reich an Märchen, ich weiß. „Meine afrikanischen Lieblingsmärchen" heißt der Titel des schönen Buches, zu dem Nelson Mandela ein Vorwort geschrieben hat. Dort wird auch der Entstehungsort einzelner Märchen vorgestellt und ihre besondere Symbolik erklärt.

Vielleicht hätte ich statt der sieben doch zwölf Märchenhäuser öffnen sollen. Dann hätten auch die russischen, die chinesischen, die afrikanischen, die arabischen, die irischen und all die anderen Märchen der Welt ihren eigenen Raum bekommen. Sie alle zu versammeln, ist aber nicht so einfach und hat selbst etwas Märchenhaftes.

So rette ich mich mit einer Einladung: „Setzt euch zu mir", bitte ich die Kinder, den Bären, den goldenen Drachen, den Löwen und all die anderen, die keinen Platz mehr in den Häusern gefunden haben und doch hineingehören. „Lasst uns einander all die Märchen erzählen, die wir kennen und lieben. Wer fängt an?"

Literaturverzeichnis

Andersen, Hans Christian 2005: *Brief, 1875*. In: Friedrichson, Sabine; Andersen, Hans Christian (Hrsg.). „Das Leben ist das schönste Märchen, denn darin kommen wir selber vor". Aus Andersens Lebensgeschichte, von ihm selbst erzählt. Weinheim und Basel: Beltz & Gelberg.

Andersen, Hans Christian 2004/2007a: *Die wilden Schwäne*. In: Hans Christian Andersen. Märchen. Bilder von Nikolaus Heidelbach. Weinheim und Basel: Beltz & Gelberg. S. 130–148.

Andersen, Hans Christian 2004/2007b: *Der fliegende Koffer*. In: Hans Christian Andersen. Märchen. Bilder von Nikolaus Heidelbach. Weinheim und Basel: Beltz & Gelberg. S. 149–157.

Andres, Kristina 2012: *Suppe, satt, es war einmal*. Berlin: Bloomsbury-Verlag.

Bechstein, Ludwig 1997: *Märchenbuch*. Hrsg. von Hans-Jörg Uther. München: Diederichs.

Belli, Gioconda 1996: *Die Werkstatt der Schmetterlinge*. Mit Illustrationen von Wolf Erlbruch. Wuppertal: Peter Hammer Verlag.

Benjamin, Walter 1972: *Alte vergessene Kinderbücher.* In: Ders. Gesammelte Schriften Bd.III. Frankfurt a. M.: Suhrkamp.

Benjamin, Walter 1977: *Der Erzähler.* In: Ders. Illuminationen. Ausgewählte Schriften. Bd. 1. Frankfurt a. M.: Suhrkamp. S. 285–410

Bettelheim, Bruno 1980: *Kinder brauchen Märchen.* München: dtv.

Betz, Felicitas 2001: *Märchen als Schlüssel zur Welt. Eine Anleitung zum Erzählen und zum Gespräch mit Kindern.* München: Auer.

Blei-Hoch, Claudia 2004: *Wer hat noch Angst vorm bösen Wolf? Post-Moderne Bilderbücher für den Unterricht.* In: Grundschulunterricht 1, S. 3–6.

Brezan, Jurij 2010: *Krabat oder die Bewahrung der Welt.* Bautzen: Domowina-Verlag.

Bolte, Johannes; Polivka, Georg 1930: *Anmerkungen zu den Kinder- und Hausmärchen der Brüder Grimm.* Band 4. Leipzig: Dieterich'sche Verlagsbuchhandlung.

Caroll, Lewis 1963: *Alice im Wunderland*. Übersetzt von Christian Enzensberger. Frankfurt a. M.: Insel.

Claussen, Claus 1995: *Erzählen lernen in der Grundschule*. In: Claussen, Claus; Merkelbach, Valentin (Hrsg.). Mündliches Erzählen. Braunschweig: Westermann Verlag.

Dehn, Mechthild 2012: *Texte als Kontexte*. Berlin: Cornelsen.

Erzählkunst e. V. (Hrsg.) 2011: *ErzählZeit. Projektdokumentation Schuljahre 2008 bis 2011. Ein Projekt von Erzählkunst e. V.*

Ewers, Hans Heino 1990: *Romantiker und Biedermeier*. In: Rainer Wild (Hrsg.). Geschichte der deutschen Kinder- und Jugendliteratur. Stuttgart: Metzlersche Verlagsbuchhandlung.

Ewers, Hans Heino 2010: *Erfahrung schrieb's und reicht's der Jugend. Geschichte der deutschen Kinder- und Jugendliteratur vom 18. bis zum 20. Jahrhundert.* Frankfurt a. M.: Peter Lang Verlag.

Friedrichson, Sabine; Andersen, Hans Christian 2005: *„Das Leben ist das schönste Märchen, denn darin kommen wir selber vor". Aus Andersens Lebensgeschichte, von ihm selbst erzählt.* Weinheim und Basel: Beltz & Gelberg.

Fühmann, Franz 1959: *Vom Moritz, der kein Schmutzkind mehr sein wollte*. Berlin: Kinderbuchverlag.

Fühmann, Franz 1960: *Die Suche nach dem wunderbunten Vögelchen*. Berlin: Kinderbuchverlag.

Fühmann, Franz 1973: *22 Tage oder die Hälfte des Lebens.* Rostock: Hinstorff Verlag.

Fühmann, Franz 1982: *Vor Feuerschlünden. Erfahrung mit Georg Trakls Gedicht. Essay, Briefe und Lyrik.* Rostock: Hinstorff Verlag.

Fühmann, Franz 1985: *Was für eine Insel in was für einem Meer*. Rostock: Hinstorff Verlag.

Fühmann, Franz 1990: *Märchen auf Bestellung*. Erweiterte Ausgabe. (Hrsg.) von Ingrid Prignitz. Rostock: Hinstorff Verlag.

Fühmann, Franz 1992: *Von A bis Z. Ein Affenspaß für Alfons. Das lustige Tieralphabet für Kinder*. Berlin: Kinderbuchverlag (wiederaufgelegt).

Fühmann, Franz 2002: *Anna, genannt Humpelhexe*. Rostock: Hinstorff Verlag.

Fühmann, Franz 2003: *Von der Fee, die Feuer speien konnte*. Rostock: Hinstorff Verlag.

Fühmann, Franz 2004: *Doris Zauberbein*. Rostock: Hinstorff Verlag.

Fühmann, Franz 2007: *Ein Sommernachtstraum. Ein Märchen nach Shakespeare*. Mit Illustrationen von Jacky Gleich. Rostock: Hinstorff Verlag.

Fühmann, Franz 2009: *Das Wintermärchen. Ein Märchen nach Shakespeare*. Mit Illustrationen von Jacky Gleich. Rostock: Hinstorff Verlag.

Fühmann, Franz 2011a: *Die Sage von Trojas Fall*. Mit Bildern von Susanne Janssen. Rostock: Hinstorff Verlag.

Fühmann, Franz 2011b: *Irrfahrt und Heimkehr des Odysseus*. Mit Bildern von Susanne Janssen. Rostock: Hinstorff Verlag.

Fühmann, Franz 2011c: *Prometheus. Die Titanenschlacht*. Mit Bildern von Susanne Janssen. Rostock: Hinstorff Verlag.

Fühmann, Franz; Andres, Kristina 2013: *Lob des Ungehorsams*. Rostock: Hinstorff Verlag.

Gaiman, Neil; McKean, Dave 2005: *Die Wölfe in den Wänden*. Hamburg: Carlsen.

Gebhardt, Harald 2010: *Glückssymbole und Ungeheuer – Tiere in Märchen und Sagen*. In: Köhler, Karlheinz; Laudenberg, Beate (Hrsg.). Märchenhafte Tier- und Pflanzenwelt. Aspekte interdisziplinärer Märchendidaktik. Baltmannsweiler: Schneider Verlag Hohengehren. S. 61–77.

Gebrüder Grimm 1973: *Die Kinder- und Hausmärchen der Brüder Grimm*. Illustriert von Werner Klemke. Berlin: Kinderbuchverlag.

Gebrüder Grimm 1980/2001: *Kinder- und Hausmärchen. Bd. 1*. Stuttgart: Reclam.

Gebrüder Grimm 1995/2007: *Die sieben Raben. Märchen der Brüder Grimm*. Bilder von Nikolaus Heidelbach. Weinheim und Basel: Beltz & Gelberg. S. 55–57.

Gebrüder Grimm; Janssen, Susanne 2001: *Rotkäppchen*. München, Wien: Hanser Verlag.

Gebrüder Grimm 2007: *Kinder- und Hausmärchen. Die handschriftliche Urfassung von 1810*. Herausgegeben und kommentiert von Heinz Rölleke. Stuttgart: Reclam. S. 45–46.

Grünewald, Dietrich 1993: *Vom Umgang mit Papiertheater*. Berlin: Volk und Wissen Verlag.

Gutzmann, Marion; Jungschlaeger, Kirsten; Schulte, Brigitte 2013: *Vom Zuhören zum Erzählen. Didaktisches Material zum Projekt* ErzählZeit. Berlin-Brandenburg: Landesinstitut für Schule und Medien LISUM.

Haas, Gerhard 1984a: *Märchen und Sage*. In: Haas, Gerhard (Hrsg.). Kinder- und Jugendliteratur. Ein Handbuch. Stuttgart: Reclam. S. 296–323

Haas, Gerhard; Klingberg, Göte; Tabbert, Reinbert 1984b: *Phantastische Kinder- und Jugendliteratur*. In: Haas, Gerhard (Hrsg.). Kinder- und Jugendliteratur. Ein Handbuch. Stuttgart: Reclam. S. 267–284.

Haas, Gerhard 1997: *Märchen: Wege in die Welt – Wege in die Literatur*. In: Wardetzky, Kristin; Zitzlsperger, Helga (Hrsg.). Märchen in Erziehung und Unterricht heute. Band II. Didaktische Perspektiven. Baltmannsweiler: Schneider Verlag Hohengehren. S. 44–58.

Hacks, Peter 1984: *Was ist ein Drama, was ist ein Kind?* Vorwort zu dem Buch „Märchendramen". In: Peter Hacks. Essais. Leipzig: Reclam Verlag. S. 58–72.

Hacks, Peter 1986a: *Ein Märchen für Claudias Puppe*. In: Ders. Kinderkurzweil. Berlin: Kinderbuchverlag. S. 73–78.

Hacks, Peter 1986b: *Leberecht am schiefen Fenster*. In: Ders. Kinderkurzweil. Berlin: Kinderbuchverlag. S. 63–71.

Hauff, Wilhelm 1972: *Märchen*. Berlin: Kinderbuchverlag.

Heidtmann, Horst 2007: *Vom Dornröschen zum Shrek. Wandlungen des Märchenfilms*. In: Barsch, Achim; Seibert, Peter (Hrsg.). Märchen und Medien. Baltmannsweiler: Schneider Verlag Hohengehren. S. 90–107.

Heiduczek, Werner 2006: *Der kleine hässliche Vogel*. Leipzig: Verlag Faber & Faber.

Hein, Jakob 2001: *Mein erstes T-Shirt*. München: Piper.

Hein, Jakob; Krömer, Kurt 2010: *Gute Nacht, Carola*. Hamburg: Carlsen.

Heinke, Susanne; Plath, Monika 2008: *Bildwelten als spielerische Zugänge zu Andersens Märchen „Des Kaisers neue Kleider“ und „Das Feuerzeug“. Modelle und Materialien für den Literaturunterricht Klasse 2 bis Klasse 6*. Baltmannsweiler: Schneider Verlag Hohengehren.

Heinze, Barbara (Hrsg.) 1998: *Franz Fühmann. Eine Biographie in Bildern, Dokumenten und Briefen*. Rostock: Hinstorff Verlag.

Hermlin, Stephan 1974: *Die Argonauten*. Illustrationen Fritz Cremer. Berlin: Kinderbuchverlag.

Hoffmann, Christel; Israel, Annett 1999: *Theater spielen mit Kindern und Jugendlichen. Konzepte, Methoden und Übungen*. Weinheim und München: Juventa Verlag.

Hoffmann, E. T. A. 1973: *Nußknacker und Mausekönig. Märchen*. Leipzig: Reclam.

Holtz-Baumert, Gerhard 1984: *Daidalos und Ikaros*. Illustrationen von Werner Ensikat. Berlin: Kinderbuchverlag.

Huizinga, Johan 1987: *Homo ludens. Vom Ursprung der Kultur im Spiel*. Reinbek bei Hamburg: Rowohlt Verlag.

Hurrelmann, Bettina (Hrsg.) 1995: *Klassiker der Kinder- und Jugendliteratur*. Frankfurt a. M.: Fischer Verlag.

Hüttner, Hannes 1979: *Herakles. Die zwölf Abenteuer*. Illustrationen von Waltraut Fischer. Berlin: Kinderbuchverlag.

Janisch, Heinz 1997: *Die Arche Noah*. Illustriert von Lisbeth Zwerger. Graz: Neugebauer Verlag.

Janosch 2013: *Janosch erzählt Grimms Märchen. 54 ausgewählte Märchen, neu erzählt für Kinder von heute. 8. Auflage*. Weinheim, Basel: Beltz & Gelberg.

Jolles, André 1968: *Einfache Formen*. Tübingen: Max Niemeyer Verlag.

Jung, C. W. 1996: *Vom Wesen der Träume*. München: dtv.

Kästner, Erich 1988: *Der 35. Mai oder Konrad reitet in die Südsee*. Berlin: Kinderbuchverlag.

Key, Ellen 2006: *Das Jahrhundert des Kindes*. Weinheim und Basel: Beltz Verlag.

Klinge, Dieter 2007: *Märchen und Kindertheater – Kindertheater gleich „Märchen“*. In: Barsch, Achim; Seibert, Peter (Hrsg.). Märchen und Medien. Baltmannsweiler: Schneider Verlag Hohengehren. S. 69–81.

Klotz, Volker 1987: *Das europäische Kunstmärchen*. München: dtv.

Kohl, Eva Maria 2005: *Schreibspielräume. Freies und kreatives Schreiben mit Kindern*. Seelze: Klett/Kallmeyer.

Kohl, Eva Maria 2006: *Kind und Literatur*. In: Grundschulzeitschrift 197, S. 4–8.

Kohl, Eva Maria 2007: *Rund um Märchen: Kopiervorlagen für den Unterricht*. Berlin: Cornelsen.

Kohl, Eva Maria; Ritter, Michael 2010: *Schreibszenarien. Wege zum kreativen Schreiben in der Grundschule*. Seelze: Klett/Kallmeyer.

Kohl, Eva Maria 2012: *Geschichten zum Riechen und Schmecken*. In: Ritter, Alexandra; Ritter, Michael (Hrsg.). Schreibkompetenz und Schriftkultur. Ein Lese- und Arbeitsbuch. Grundschulverband. S. 293–296.

Kohl, Eva Maria 2013: *Mit Wörtern die Welt entdecken und von ihr erzählen lernen*. Fördermagazin Grundschule 2.

Kreidolf, Ernst 1978: *Blumen-Märchen*. Zürich: Rotapfel Verlag.

Kruse, Iris 2014: *Märchenbilder im Medienverbund. Zugänge zu komplexen Märchenbilderbüchern durch intermediale Lernumgebungen*. In: Scherer, Gabriela; Volz, Steffen; Wiprächtiger-Geppert, Maja (Hrsg.). Bilderbuch und literar-ästhetische Bildung – aktuelle Forschungsperspektiven. Trier: [im Erscheinen].

Franz, Kurt; Kahn, Walter (Hrsg.) 2000: *Märchen – Kinder – Medien. Beiträge zur medialen Adaption von Märchen und zum didaktischen Umgang*. Baltmannsweiler: Schneider Verlag Hohengehren.

Kühn, Tanja 2005: *„Armer Ritter“. Mit Kindern auf die Bühne gebracht*. Grundschulzeitschrift 2005/Heft 189, S. 52–55.

Lauer, Bernhard 1993: *Rapunzel. Traditionen eines europäischen Märchenstoffes in Dichtung und Kunst*. Kassel: Brüder Grimm-Museum.

Lüthi, Max 1997: *Das europäische Volksmärchen. Form und Wesen*. Tübingen und Basel: A. Francke Verlag.

Maar, Paul 1999: *In einem tiefen, dunklen Wald*. Hamburg: Oetinger.

Mandela, Nelson 2004: *Meine afrikanischen Lieblingsmärchen*. München: C. H. Beck Verlag.

Marschak, Samuel 1957: *Das Katzenhaus*. Berlin: Kinderbuchverlag.

Marschak, Samuel 1967: *Das Tierhäusschen*. Berlin: Kinderbuchverlag.

Martus, Steffen 2012: *Revolutionäre wider Willen*. In ZEIT-Geschichte Nr. 4/2012, S. 14–24.

Merkel, Johannes 2000: *Spielen, Erzählen, Phantasieren. Die Sprache der inneren Welt.* München: Kunstmann Verlag.

Merkel, Johannes 2006: *Erzählen und Textverständnis - Inwiefern mündliches Erzählen die Lesefähigkeit vorbereitet*. In: Grundschulzeitschrift 197. S. 10–12.

Merkel, Johannes 2014: http://www.stories.uni-bremen.de/erzaehlen/orient.html (20.2.2014)

Müller, Jörg 1996: *Der standhafte Zinnsoldat.* Aarau, Frankfurt a.M., Salzburg: Verlag Sauerländer.

Nowotny, Joachim 1976: *Die Gudrunsage.* Illustrationen von Heidrun Hegewald. Berlin: Kinderbuchverlag.

Petzoldt, Leander 2005: *Märchen, Mythen und Sagen*. In: Lange, Günther (Hrsg.). Taschenbuch der Kinder- und Jugendliteratur. Band 1. Baltmannsweiler: Schneider Verlag Hohengehren. S. 246–266.

Pludra, Benno 1963: *Lütt Matten und die weiße Muschel.* Berlin: Kinderbuchverlag.

Pomeranzewa, Erna V. 1960: o.T. In: Deutsches Jahrbuch für Volkskunde. Berlin: Akademie Verlag. S. 144.

Ramos, Mario 2006: *Ich bin der Stärkste im ganzen Land.* Weinheim, Basel: Beltz Verlag.

Richter, Karin; Plath, Monika 2005: *Lesemotivation in der Grundschule. Empirische Befunde und Modelle für den Unterricht.* Baltmannsweiler: Schneider Verlag Hohengehren.

Richter, Karin; Jahn, Leonore u.a. 2006: *Bildwelten zu E.T.A. Hoffmann „Nussknacker und Mausekönig": Modelle und Materialien für den Literaturunterricht. Klasse 3 bis Klasse 6. Bd. 2 Bilder erzählen Geschichten, Geschichten erzählen zu Bildern.* Baltmannsweiler: Schneider Verlag Hohengehren.

Richter, Karin; Jahn, Leonore 2008: *Griechische Mythen in der Grundschule. Der Trojanische Krieg und die Irrfahrten des Odysseus.* Baltmannsweiler: Schneider Verlag Hohengehren.

Ritter, Alexandra 2014: *Bilderbuchlesarten von Kindern. Neue Erzählformen im Spannungsfeld von kindlicher Rezeption und Produktion.* Baltmannsweiler: Schneider Verlag Hohengehren.

Rodari, Gianni 1992: *Grammatik der Phantasie. Die Kunst, Geschichten zu erfinden*. Leipzig: Reclam.

Rölleke, Heinz 2004: *Die Märchen der Brüder Grimm. Eine Einführung.* Stuttgart: Reclam.

Rölleke, Heinz; Schindehütte, Albert 2011: *Es war einmal... Die wahren Märchen der Brüder Grimm und wer sie ihnen erzählte.* Frankfurt a.M.: Eichborn Verlag.

Rölleke, Heinz 2012: *Märchen über Märchen.* In: ZEITGeschichte 4/12, S. 38–44.

Rora, Constanze 2012: *Hänsel und Gretel als Kinderoper heute. Überlegungen zu Humperdincks Werk und seiner aktuellen Inszenierung an der Deutschen Oper in Berlin*. In: Rotkäppchen kommt aus Berlin. 200 Jahre Kinder- und Hausmärchen in Berlin. Ausstellungskatalog N. F. 57 Staatsbibliothek zu Berlin – Preußischer Kulturbesitz. S. 203–213.

Rowling, Joanne K. 1998: *Harry Potter und der Stein der Weisen*. Hamburg: Carlsen.

Sahr, Michael 2000: *Hans Christian Andersen*. In: Franz, Kurt u.a. (Hrsg.). Lexikon der Kinder- und Jugendliteratur. Begriffe. 9. Erg. Lfg. Meitingen: Corian Verlag. S. 3.

Schäfer, Gerd E. 1989: *Spielphantasie und Spielumwelt.* Weinheim und München: Juventa Verlag.

Schenda, Rudolf 1993: *Von Mund zu Ohr. Bausteine zu einer Kulturgeschichte volkstümlichen Erzählens in Europa.* Göttingen: Vandenhoeck & Ruprecht.

Scherf, Walter 1995: *Der gestiefelte Kater.* In: Märchenlexikon. München: Digitale Bibliothek Verlag C. H. Beck. S. 1272.

Schmitt, Christoph 2000: *Mündliches und mediales Erzählen. Klischees zum Phänomen filmischer Bearbeitungen.* In: Franz, Kurt; Kahn, Walter (Hrsg.). Märchen – Kinder – Medien. Beiträge zur medialen Adaption von Märchen und zum didaktischen Umgang. Baltmannsweiler: Schneider Verlag Hohengehren. S. 67–81.

Schwab, Gustav 2011: *Die schönsten Sagen des klassischen Altertums*. Mit einem Vorwort von Harald Parigger. Würzburg: Arena Verlag.

Seebohm, Sylvia 2005: *„Armer Ritter". Vom Bilderbuch zum Menschenschattenspiel.* Grundschulzeitschrift 2005/Heft 189, S. 56–59.

Seitz, Gabriele 1990: *Die Brüder Grimm. Leben–Werk–Zeit*. Leipzig: S. Hirzel Verlag.

Shaw, Elisabeth 1963: *Der kleine Angsthase.* Berlin: Kinderbuchverlag.

Shaw, Elisabeth 1973: *Zilli, Billi und Willi*. Berlin: Kinderbuchverlag.

Spinner, Kaspar H. 2006: *Literarisches Lernen*. In: Praxis Deutsch 200. S. 6–16.

Storm, Theodor 1965: *Die Regentrude und andere Märchen*. Berlin und Weimar: Aufbau Verlag.

Storm, Theodor 2007: *Der kleine Häwelmann.* Mit Illustrationen von Henriette Sauvant. Berlin: Aufbau Verlag.

Taube, Gerd 2010: *Zuschauen und Spielen*. In: Duncker, Ludwig; Lieber, Gabriele; Neuss, Norbert; Uhlig, Bettina (Hrsg.). Bildung in der Kindheit. Das Handbuch zum Lernen in Kindergarten und Grundschule. Seelze: Klett/Kallmeyer. S.153–156.

Vaugelade, Anais 2004: *Steinsuppe*. Weinheim, Basel: Beltz Verlag.

Wardetzky, Kristin 1992: *Märchen-Lesarten von Kindern*. Eine empirische Studie. Berlin: Peter Lang Verlag.

Wardetzky, Kristin 1994: *„Rotkäppchen war meine erste Liebe ..." oder Warum Kinder Märchen mögen.* In: Grundschulunterricht 41, S. 2–5.

Wardetzky, Kristin 1995: *Aschenputtel glanzlackiert. Veränderungen der kindlichen Märchenrezeption in den Neuen Bundesländern.* In: Grundschule 12, S. 10–12.

Wardetzky, Kristin 1996: *Zwischen Traum und Realität. Kindertexte aus Ost- und Westdeutschland im Vergleich*. In: Grundschulzeitschrift 91, S. 46–49; 92, S. 46–51.

Wardetzky, Kristin 2000: *Märchen als Erzählung und Trickfilm – eine rezeptionspsychologische Vergleichsuntersuchung.* In: Franz, Kurt; Kahn, Walter (Hrsg.). Märchen – Kinder – Medien. Beiträge zur medialen Adaption von Märchen und zum didaktischen Umgang. Baltmannsweiler: Schneider Verlag Hohengehren. S. 158–170.

Wardetzky, Kristin; Weigel, Christiane 2008: *Sprachlos? Erzählen im interkulturellen Kontext. Erfahrungen aus einer Grundschule.* Baltmannsweiler: Schneider Verlag Hohengehren.

Wardetzky, Kristin 2012a: *Der Märchenstreit – Nachkriegszeit und Anfangsjahre der DDR.* In: Rotkäppchen kommt aus Berlin. 200 Jahre Kinder- und Hausmärchen in Berlin. Ausstellungskatalog N. F. 57 Staatsbibliothek zu Berlin – Preußischer Kulturbesitz. S. 79–89.

Wardetzky, Kristin 2012b: *Grimms Märchen auf Berliner Schauspielbühnen 1844–1990. Eine Recherche.* In: Rotkäppchen kommt aus Berlin. 200 Jahre Kinder- und Hausmärchen in Berlin. Ausstellungskatalog N. F. 57 Staatsbibliothek zu Berlin – Preußischer Kulturbesitz. S. 179–201.

Wardetzky, Kristin 2013: *„Ach, wenns mir nur gruselte!" Grausige Märchen für Kinder?* In: Ritter, Alexandra; Ritter, Michael; Schulz, Norbert; Wunderlich, Eva (Hrsg.). Poetische Spielräume für Kinder. Literarische Erfahrungen und sprachliche Produktivität. Baltmannsweiler: Schneider Verlag Hohengehren. S. 89–102.

Wardetzky, Kristin o. J.: *Märchen für Kinder. Eine Dokumentation zum 40-jährigen Bestehen des Theaters der Freundschaft Berlin.*

Wellm, Alfred 1977: *Karlchen Duckdich*. Berlin: Kinderbuchverlag.

Wiesner, David 2002: *Die drei Schweine*. Hamburg: Carlsen.

Winnicott, D. W. 1995: *Vom Spiel zur Kreativität*. Stuttgart: Klett Cotta, 8. Aufl.

Zitzlsperger, Helga 1989: *Kinder spielen Märchen. Schöpferisches Ausgestalten und Nacherleben.* Weinheim und Basel: Beltz Verlag.

Zitzelsperger, Helga 2000: *Was sollte an Märchen bei einer Verfilmung nicht verloren gehen?* In: Märchen-Stiftung Walter Khan (Hrsg.). Medien erzählen Märchen. Referate der von der Europäischen Märchengesellschaft e. V. mit dem Verkehrsverein Rheine e. V. vom 3. bis 5. März in Nentlage veranstalteten Tagung zum Thema „Medien erzählen Märchen". S. 28–39.

Abbildungsverzeichnis

56 Kurt Krömer / Jakob Hein: Gute Nacht, Carola. © Carlsen Verlag GmbH, Hamburg 2010
58 Märchenbilder von Grundschulkindern © Eva Maria Kohl
59 Fühmann, Franz; Andres, Kristina: Lob des Ungehorsams. Rostock: Hinstorff Verlag 2013.
60 Abb. aus: Mario Ramos, Ich bin der Stärkste im ganzen Land! Bilderbuch. Aus dem Französischen von Markus Weber © 2003 Moritz Verlag, Frankfurt am Main
60 Abb. aus Anais Vaugelade, Steinsuppe. Bilderbuch. Aus dem Französischen von Tobias Scheffel © 2000 Moritz Verlag, Frankfurt am Main
61 Andres, Kristina: Suppe, satt, es war einmal. © Kristina Andres
65 Suse Weisse während der „Poetik-Vorlesung" an der MLU in Halle, November 2013 © Eva Maria Kohl
115 Kreidolf, Ernst: Blumen-Märchen. Zürich: Rotapfel Verlag 1978.
118 © Paul Maar
121 Prokofjew, Sergej: Peter und der Wolf. Illustriert von Frans Haacken. Übersetzt aus dem Russischen von Lieselotte Remané. 8., unveränderte Auflage. Weinheim: Beltz & Gelberg 2014.
123 von Sylvia Seebohm
124 links oben © Theater SiebenSchuh, (Sabine Kolbe/ Anne Swoboda)
126 (3 Bilder) © Heike Ellermann
133 © Brian Jackson - Fotolia.com

Übersicht der Download-Materialien

Buchprogramm

Was Erwachsene wissen sollten

MECHTHILD DEHN |
INGELORE OOMEN-WELKE |
CLAUDIA OSBURG

Kinder & Sprachen

21,5 x 23 cm, 168 Seiten, in Farbe

ISBN 978-3-7800-1081-0, € 24,95

Alle Preise zzgl. Versandkosten, Stand 2018

Wie lernen Kinder sprechen und was ist unsere Aufgabe dabei?

Dieses Buch handelt von der Sprache, vom Sprechen- und Verstehenlernen in den zehn ersten Lebensjahren. Sie erfahren, welche Schwierigkeiten Kinder beim Sprechenlernen bewältigen müssen und wie wir ihnen dabei helfen können. Wie unterscheiden sich Erst- und Zweitspracherwerb und was bedeutet es, Deutsch als Zweit- oder Fremdsprache zu lernen? Zahlreiche Kinderzeichnungen veranschaulichen dabei, wie unmittelbar Spracherwerb und Welterfahrung zusammenhängen.

Klett Kallmeyer

Unser Leserservice berät Sie gern:
Telefon: 05 11/4 00 04 -150
Fax: 05 11/4 00 04 -170
leserservice@friedrich-verlag.de

www.klett-kallmeyer.de

Buchprogramm

Was Erwachsene wissen sollten

NORBERT NEUß

Kinder & Medien

21,5 x 23 cm, 165 Seiten in Farbe

978-3-7800-4901-8, € 24,95

Alle Preise zzgl. Versandkosten, Stand 2018

Chancen und Risiken der frühen Mediennutzung

Dieses Buch handelt von der Bedeutung der Medien für die Lebenswelt der Kinder und von den positiven wie auch negativen Formen der Mediennutzung. Dabei erfahren Sie, welchen Einfluss die Inhalte und die Geräte auf die Kinder haben, welche (Lern-)Chancen Medien eröffnen können und wie eine verantwortungsvolle Medienerziehung aussehen kann, die Mediensucht und Medienverwahrlosung verhindert.

Unser Leserservice berät Sie gern:
Telefon: 05 11/4 00 04 -150
Fax: 05 11/4 00 04 -170
leserservice@friedrich-verlag.de

www.klett-kallmeyer.de

Unter **www.friedrich-verlag.de** finden Sie Materialien zum Buch als Download.
Bitte geben Sie den achtstelligen Download-Code in das Suchfeld ein.

DOWNLOAD-CODE: **d14959km**

Hinweis:

Das Download-Material enthält Anregungen, sich des Gelesenen zu vergewissern und es auf kreative Weise selbst zu erproben – mit den Kindern zusammen oder auch allein. Sie finden Materialien für die Hand der Kinder sowie Informationen und Bauanleitungen für den erwachsenen Leser.

Haben Sie Fragen zum Download? Dann wenden Sie sich bitte an den Leserservice der Friedrich Verlags GmbH. Schreiben Sie uns oder rufen Sie uns an!

Sie erreichen unseren Leserservice
Montag bis Donnerstag von 8 – 18 Uhr
Freitag von 8 – 14 Uhr
Tel.: 05 11/4 00 04-150
Fax: 05 11/4 00 04-170
E-Mail: *leserservice@friedrich-verlag.de*

Wir freuen uns über Ihre Rückmeldungen und helfen Ihnen gerne weiter!